LES

CONDITIONS DU TRAVAIL

EN BELGIQUE

LES
CONDITIONS DU TRAVAIL
EN BELGIQUE

RAPPORT

ADRESSÉ AU MINISTRE DES AFFAIRES ÉTRANGÈRES

Par M. A. BOURÉE

ENVOYÉ EXTRAORDINAIRE ET MINISTRE PLÉNIPOTENTIAIRE DE LA RÉPUBLIQUE FRANÇAISE

A BRUXELLES

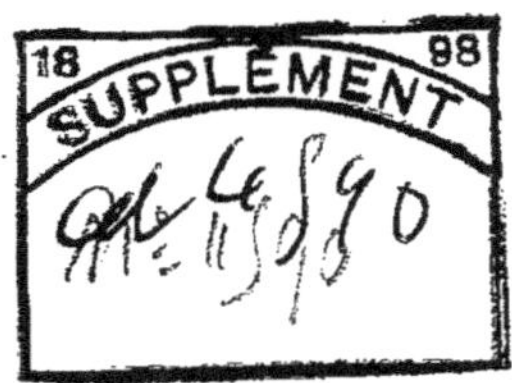

BERGER-LEVRAULT ET Cie, ÉDITEURS

PARIS	NANCY
5, RUE DES BEAUX-ARTS	18, RUE DES GLACIS

1890

LES
CONDITIONS DU TRAVAIL
EN BELGIQUE

Les intéressantes questions économiques au sujet desquelles des rapports détaillés ont été demandés aux agents du département des Affaires étrangères, par la circulaire en date du 31 mai dernier, sont l'objet, en Belgique, depuis déjà de longues années, de l'examen le plus attentif. Dans un pays où la fortune publique dépend de la plus ou moins grande prospérité de l'industrie, presque unique ressource de ses habitants, — Anvers excepté, — toute amélioration, tout progrès dans les multiples questions touchant au travail national, au bien-être des ouvriers, à leur condition, à leurs salaires, devaient nécessairement appeler l'intérêt des pouvoirs publics, des conseils provinciaux et communaux, aussi bien que l'attention des savants, des chefs d'industrie et des ouvriers eux-mêmes.

INITIATIVE PRIVÉE

———

A cet égard, l'initiative privée a réalisé, tout d'abord, dans
l'ensemble de la question ouvrière, des progrès qu'il serait
injuste de méconnaître. Il suffit d'avoir, dans les premières
années du règne de Léopold II, étudié dans leurs différents
rouages, ou simplement même visité les grands établissements industriels du royaume, pour constater les améliorations incessantes apportées depuis, grâce à l'initiative des
particuliers, au sort des hommes de travail.

Mais jusqu'en 1870 ou 1875, les efforts qu'on avait tentés
dans ce but n'avaient pas dépassé les limites de ce qu'on est
aujourd'hui convenu d'appeler la philanthropie.

Les usines Cockerill, à Seraing, le Val Saint-Lambert, la
Vieille-Montagne, les charbonnages du pays de Charleroi et
du Borinage, avaient multiplié les crèches, les écoles pour
les enfants, les hospices pour les malades et les vieillards :
ce n'était là que des manifestations, sans doute dignes d'intérêt, de la charité particulière, qui n'avaient pas encore
revêtu le caractère spécial que l'on s'efforce en ce moment de
donner à ce que l'on pourrait appeler le statut public du travailleur.

Dans le courant de ces vingt dernières années, la Belgique a donné de ce chef, — mais toujours à titre privé et industriel, — une impulsion des plus sérieuses. Le principe
d'association, appliqué aux assurances contre les accidents du
travail, les restrictions apportées à l'emploi des filles et des
enfants dans les mines ont été, tour à tour, adoptés dans un

grand nombre d'établissements et sont devenus, peu à peu, lois presque générales. D'autre part, et plus peut-être que partout ailleurs, il se fondait aux alentours des grands centres industriels, ces vastes agglomérations ouvrières, où le ménage employé à l'usine ou à la mine trouvait à peu de frais un logement salubre, un jardin assez étendu, et quelquefois même la possibilité, après quelques années de séjour, au prix d'un loyer toujours modique, de devenir propriétaire à son tour de la petite maison dont il n'était jadis que le locataire.

A côté de ces premières tentatives, accueillies quelquefois, il faut le dire, avec des sentiments d'hostilité inexplicables de la part de l'ouvrier, un certain nombre d'établissements ont, en outre, fondé dans les centres qu'ils occupaient, des cantines spéciales, magasins de denrées et de vêtements, où, à prix coûtant, la ménagère peut acheter toutes les choses nécessaires à la vie de chaque jour. A certaines époques de chômage, les patrons ont parfois même délivré gratis à leurs ouvriers le pain destiné à la nourriture de toute la famille. Un usage assez singulier, mais consacré aujourd'hui par le temps et la coutume, veut que dans certains pays de charbonnage, les mineurs se mettent en grève à l'époque des semailles des pommes de terre, qui forment l'aliment principal de tout ménage de travailleurs ; un sentiment de charité des plus louables a poussé, parfois, les directeurs de ces vastes établissements à payer à leurs ouvriers les quelques jours qu'ils consacraient à confier à la terre la précieuse semence, donnant ainsi un témoignage de l'intérêt qu'ils leur portaient.

Dans un des faubourgs de Bruxelles, l'initiative privée a innové encore une institution qui, à tous égards, mériterait d'être organisée un peu partout : il s'agit d'une cité destinée à loger, à très bas prix, les employés modestes travaillant dans les maisons de commerce de la ville. Avec un loyer des plus modiques, cette classe si intéressante et si nombreuse trouve un petit appartement confortable, un vaste jardin et un certain nombre de salles avec des journaux, des livres et des jeux.

INITIATIVE DES OUVRIERS

Les ouvriers eux-mêmes ont eu leur part dans cette marche progressive vers des conditions d'existence mieux assurée, c'est-à-dire qu'ils ont fondé, directement et entre eux, des sociétés coopératives de consommation, des sociétés pour la construction de maisons à bon marché, et qu'ils se sont spontanément portés vers les caisses d'épargne, de secours et de retraite et vers les *Banques populaires* qui se sont fondées dans le pays, depuis déjà quelques années, et dont le capital versé dépasse actuellement deux millions de francs.

Il n'est pas inutile, en passant, de relever ici qu'il existe déjà 17 de ces banques populaires, formant entre elles une fédération de plus de 10,000 sociétaires. Le chiffre des dépôts confiés à ces institutions atteint près de quatre millions et les avances qu'elles font annuellement à leurs membres s'élèvent à trente millions de francs. Un travail fort intéressant : la *Coopération ouvrière en Belgique*, de M. Léon d'Andrimont, membre de la Chambre des représentants et président de plusieurs sociétés coopératives, donne sur ces questions (voir pages 25 à 143, pour les associations coopératives, et pages 200 à 261 pour les banques populaires), des renseignements dignes d'être notés.

INITIATIVE GOUVERNEMENTALE

Cet ensemble d'améliorations, auxquelles il faudrait ajouter encore les écoles ménagères, les écoles d'adultes, celles pour l'enseignement mutuel, les ateliers d'apprentissage, les ouvroirs, l'hospitalité de nuit, l'œuvre de la Bouchée de pain, etc., etc., que le temps, les circonstances et l'intérêt même des chefs d'industrie avaient successivement apportées au sort de l'ouvrier, a été presque toujours secondé par le Gouvernement et les pouvoirs publics, qui ne pouvaient se désintéresser de questions si essentielles.

Une série de projets de loi, de décrets, d'arrêtés ministériels, dont la nomenclature trouvera sa place dans la suite de ce travail, ont peu à peu donné force de loi à un nombre très important de mesures appliquées jusqu'ici par suite du bon vouloir ou de la tolérance des chefs d'industrie.

Dès 1840, l'action du Gouvernement se manifeste à côté de tentatives de toute nature dues à l'initiative privée. C'est ainsi que le 26 février de l'année précitée, il procède à une enquête sur l'industrie linière; le 7 septembre 1843, à une autre enquête sur la position économique de l'ouvrier. Un arrêté royal du 15 septembre 1845 avait institué, à la suite de l'enquête du 7 septembre 1843, une commission chargée de rechercher les moyens d'améliorer le sort des classes ouvrières et indigentes.

Le 3 novembre 1868, une troisième enquête fut prescrite dans le but de rechercher les moyens propres à améliorer la situation des personnes employées dans les mines et dans les usines métallurgiques.

Toutes ces mesures gouvernementales ont produit des résultats fructueux et chacune d'elles a été, pour le travailleur, le point de départ d'une amélioration marquée dans son existence.

Il faut citer ici, parmi les dispositions législatives les plus sérieuses : la loi sur les sociétés de secours mutuels ; celle concernant les caisses d'épargne ; la loi sur les caisses de retraite ; sur les caisses de prévoyance, sur les conseils de prud'hommes ; sur le livret d'ouvrier ; sur les sociétés coopératives ; sur les maisons ouvrières ; sur l'ivresse publique. Il faut encore mentionner les lois instituant des conseils du travail et de l'industrie ; celle réglementant le paiement des salaires ; celle relative à l'incessibilité et à l'insaisissabilité du salaire des ouvriers ; la loi facilitant le mariage des indigents ; celle concernant la protection des enfants employés dans les professions ambulantes ; celle relative à l'entretien des enfants trouvés et abandonnés ; les arrêtés royaux concernant la police des établissements industriels, dangereux, insalubres ou incommodes ; celui relatif aux commissions médicales provinciales chargées d'inspecter les fabriques, etc., etc.

Ces dispositions législatives composent aujourd'hui le Code du travail en Belgique.

Quelques-unes de ces lois méritent un commentaire spécial et feront, plus loin, l'objet d'une étude particulière. Toutefois, avant d'en aborder l'examen détaillé, il convient, ici, pour achever de donner une idée générale de ce qui a été fait en Belgique au point de vue de la question qui nous occupe, d'étudier les travaux si étendus et si considérables de la commission parlementaire instituée par arrêté royal du 15 avril 1886, pour procéder à l'étude de toutes les questions sociales et économiques, actuellement en discussion devant les Parlements et l'opinion publique dans toute l'Europe.

La Commission du travail.

Malgré les efforts simultanément tentés dans ce pays, — ainsi que nous venons de le voir, — par l'initiative privée, l'intervention directe des travailleurs et l'action gouvernementale, de grandes lacunes existaient encore dans la législation qui régit les conditions du travail en Belgique.

Dans le courant de ces vingt dernières années, de réels progrès avaient été réalisés, de sérieuses améliorations avaient été introduites, mais il restait encore beaucoup à faire.

D'un autre côté, la situation économique de la Belgique avait été, à l'exemple, d'ailleurs, de ce qui se passait dans les autres pays industriels, profondément modifiée par l'introduction de la grande industrie. Cette influence s'est fait d'autant plus vivement sentir dans le royaume que, géologiquement, il se trouvait dans des conditions exceptionnelles et qu'il bénéficiait, dans une large mesure, de tous les avantages résultant de la richesse de ses gisements houillers et de la présence de minerais de toute nature.

Pendant quelques années, surtout après la guerre francoallemande, qui avait interrompu presque partout les transactions et les grandes affaires commerciales, la Belgique a connu une ère de prospérité inouïe.

La petite industrie, qui devait forcément souffrir du développement si rapide des grandes usines, trouvait encore de larges débouchés, et patrons et ouvriers profitaient avantageusement de la reprise générale des affaires.

Ces temps heureux ne devaient pas toujours durer; à la suite d'une production poussée à l'excès, dans toutes les branches de l'industrie nationale, les mauvais jours sont arrivés et, à partir de 1882, une crise progressive et générale s'est produite. En 1886, elle a atteint son apogée à la suite, tout d'abord, de la baisse du prix des charbons, de la concurrence faite au marché national par les houilles allemandes, enfin, par la stagnation presque générale des affaires du monde entier.

Cet état de malaise a singulièrement favorisé, en ce moment, les embarras et les difficultés qui devaient nécessairement se produire par le fait de la création de la grande industrie, de l'organisation de ses immenses ateliers, du perfectionnement des machines et de l'outillage, et du discrédit, tous les jours plus grand, dans lequel s'anéantissait la petite industrie. Il a, par surcroît, augmenté le nombre des chômages, aggravé la position de l'ouvrier et développé, dans des proportions jusqu'alors inconnues dans le pays, le nombre et la portée des revendications de la classe ouvrière. Et cependant, il faut le reconnaître, on ne rencontre, en Belgique, ni égoïsme exagéré de la part des patrons, ni hostilité intransigeante de la part des ouvriers. Les premiers, dans les moments de crise, hésitent à abaisser les salaires et surtout à congédier leurs travailleurs; les seconds sont patients, souffrent longtemps sans se plaindre et reconnaissent les efforts qu'on fait pour leur conserver leur pain. Il faut que le mal devienne réellement cuisant pour que la réaction se produise. C'est cependant ce qui est arrivé en 1886; à la suite de la grande misère que les ouvriers venaient de subir, les grèves qui s'organisèrent alors, sur divers points du territoire, furent sérieuses et inspirèrent des craintes assez vives au Gouvernement et au pays.

Les revendications formulées par les ouvriers avaient, à la fois, un caractère économique et politique.

Économiquement, ils réclamaient la réglementation du travail des enfants et des adultes; un minimum de salaire; l'assurance contre les accidents et la vieillesse; l'amélioration des lois existantes, telles que la loi sur les conseils de prud'hommes, sur les sociétés de secours mutuels, etc., etc.

Politiquement, ils demandaient l'établissement du service personnel et le suffrage universel.

Cette seconde partie du programme émanait, à la vérité, du parti socialiste qui se trouvait alors à la tête du mouvement.

Quoi qu'il en soit, le mouvement était donné ; la question de l'amélioration du sort des travailleurs était nettement posée devant le pays et devant l'opinion, et il importait, si on ne voulait pas se laisser dépasser par les événements, de faire quelques tentatives nouvelles en leur faveur.

Dans cet ordre d'idées, l'exemple, d'ailleurs, venait de partout. En France, en Allemagne, en Angleterre, en Italie, l'étude de ces questions était à l'ordre du jour de toutes les assemblées politiques et un courant de sympathie entraînait gouvernements et peuples vers l'ouvrier.

Le cabinet qui dirige actuellement la politique en Belgique se mit aux premiers rangs dans cette marche en avant en faveur des populations industrielles.

Il proposa au roi d'organiser une grande commission composée de tout ce qui dans le pays possède une autorité, une influence, un nom, une compétence technique, et de la charger d'étudier, jusque dans ses moindres détails, tout d'abord les nombreuses questions relatives au *travail* envisagé dans sa conception la plus large ; ensuite, de proposer un ensemble de mesures propres à donner satisfaction aux desiderata des classes laborieuses, qui s'étaient produits soit dans la presse, soit devant le Parlement, soit dans les réunions particulières, pendant le cours de ces vingt dernières années.

La composition de cette Commission, unique dans son genre depuis l'institution du régime parlementaire en Europe, a été faite avec le soin le plus intelligent et le plus attentif. A côté des membres du Parlement, réputés par leur science économique, on a appelé des chefs d'industrie qui commandent à des milliers d'ouvriers, des économistes célèbres, des professeurs connus, des hommes de cabinet et des hommes d'action, puis, enfin, parmi la classe ouvrière, des représentants de toutes les industries, de tous les commerces qui, depuis deux cents ans, font la prospérité et la gloire de la Belgique.

Une fois constituée, la Commission procéda à une enquête dans les conditions les plus propres à faire connaître les griefs les plus intimes des travailleurs. Elle rédigea un questionnaire écrit qui fut distribué à des milliers d'exemplaires et auquel tout le monde put répondre ; elle procéda à des enquêtes orales chez tous les fabricants, chez tous les industriels du pays, au sein desquelles tout témoin qui se présentait était entendu, interrogé, sans qu'il eût besoin même de faire connaître son nom.

La Commission reprit ensuite, un à un, tous les griefs formulés devant elle, et, dans une série de rapports publiés par ses soins, elle en examina le bien-fondé et les remèdes qui pourraient y être opposés. C'est ainsi qu'après un travail de près de deux ans elle est arrivée à mener à bien l'œuvre colossale qu'elle s'était assignée. Toutes les résolutions qu'elle a proposées n'ont pas été et ne seront peut-être pas, de longtemps encore, adoptées par les pouvoirs publics ; mais elle a su fouiller jusque dans ses plus profonds replis cette question sociale, restée jusqu'à ce jour si indécise ; signaler les injustices existantes ; les moyens propres à les réparer et, dans ses conclusions véritablement dignes de l'étude la plus attentive, proposer un ensemble de réponses qui, certainement, finiront par devenir un jour la loi.

C'est à cet immense travail qu'il faudra toujours, désormais, se reporter ici, chaque fois qu'il y aura lieu d'étudier, dans le passé, dans le présent ou dans l'avenir, un point quelconque touchant à la question ouvrière en Belgique.

Dans le rapport qui m'occupe, je n'ai fait, à chaque pas, que puiser à cette mine inépuisable de documents et de faits ; les quatre volumes qui composent le résumé des recherches, des délibérations et des conclusions de la Commission du travail sont, je crois, ce qui a été publié, jusqu'à ce jour, de plus complet sur ces importantes matières.

L'année 1886 restera donc une date mémorable dans l'histoire de la législation ouvrière de la Belgique, non seulement parce qu'elle a constitué le point de départ d'une activité nouvelle du législateur, mais surtout parce que les mesures

adoptées accusent une modification dans l'orientation économique. Avant cette époque, le principe de la non-intervention des pouvoirs publics dans l'organisation industrielle était
considéré en Belgique comme un axiome indiscutable, et
peu de membres du Parlement songeaient à en atténuer la
rigueur dans ses applications. C'est là ce qui a, plusieurs
fois, empêché le vote d'une loi sur la réglementation du travail des enfants. On estimait, comme les économistes de l'école
de J.-B. Say, qu'il faut laisser agir les lois de l'économie
politique, que ni la loi ni l'État ne doivent s'interposer entre
le patron et ses ouvriers, quels que soient l'âge et le sexe de
ceux-ci.

La Commission du travail instituée en 1886 a réagi contre
ces idées. Tous ses travaux, toutes ses délibérations trahis-
sent la conviction que le principe de non-intervention ne
peut être considéré comme une règle absolue. Elle considère
les dispositions du Code civil concernant le louage d'ou-
vrage comme incomplètes, *inadéquates à la situation sociale
engendrée par la grande industrie.* Elle pense donc qu'il faut
les remanier et les compléter, de manière, notamment, à
prévoir la réparation des accidents survenant par cas fortuit
ou de force majeure, de manière aussi à assurer l'exécution
loyale et complète du pacte de travail, par le paiement inté-
gral du salaire en monnaie courante. De plus, la Commission
du travail, tout en manifestant sa confiance dans l'initiative
individuelle et sans vouloir diminuer celle-ci, estime que
l'intérêt supérieur de la société et celui de la famille, qui est
la base de la société, commandent au législateur d'intervenir
pour protéger les jeunes ouvriers contre les travaux excessifs
ou prolongés.

Le danger pour la Commission du travail était, dans des
matières aussi délicates, de tomber dans les conceptions,
assez en vogue aujourd'hui, du socialisme pur ou du socialisme d'État, tel qu'on l'a conçu en Allemagne durant ces
dernières années. Elle a su, on doit le reconnaître, résister
à cette tentation et, sauf quelques exceptions insignifiantes,
le programme qu'elle propose est resté dans une note modérée.

Voici les points qu'en séance plénière elle a cru devoir
recommander à l'examen du Gouvernement :

1° Conseils de conciliation (séance du 29 octobre 1886) ;

2° Réglementation du travail (séance du 30 octobre 1886) ;

3° Habitations ouvrières (séance du 13 novembre 1886) ;

4° Expropriation par zones (séance du 29 novembre
1886) ;

5° Paiement des salaires (séance du 27 novembre 1886) ;

6° Caisses d'épargne (séance du 27 novembre 1886) ;

7° Associations professionnelles (séances du 4 et du 11 décembre 1886) ;

8° Moyens de combattre l'alcoolisme (séances des 11 et 18 décembre 1886) ;

9° Écoles professionnelles (séance du 5 février 1887) ;

10° Sociétés de secours mutuels (séance du 12 février
1887) ;

11° Service militaire personnel (séance du 19 février
1887) ;

12° Conseils de prud'hommes (séance du 25 avril 1887) ;

13° Écoles ménagères (séance du 25 avril 1887) ;

14° Habitations ouvrières (séance du 25 avril 1887) ;

15° Assurances contre les accidents du travail (séance du
20 mai 1887) ;

16° Caisses de secours, de prévoyance et de retraite (séances
des 28 mai et 4 juin 1887) ;

17° Sociétés coopératives (séance du 4 juin 1887).

Ces diverses conclusions, ainsi que les rapports sur les questions qu'elles ont pour but de résoudre, sont publiées dans le
volume III des travaux de la Commission du travail.

Les discussions de ces questions en séances plénières de
la Commission ont été résumées dans le volume IV de ces
mêmes travaux.

Les résultats de ces patientes enquêtes, de ces études ap-
profondies sur tous les points intéressant la question ouvrière,
n'ont pas tardé à se manifester devant le Parlement, par le
dépôt sur le bureau des deux Chambres d'un certain nombre
de projets de loi mis aussitôt en discussion.

Voici le relevé des dispositions législatives et administratives concernant les travailleurs, qui ont été adoptées par la Chambre des représentants et par le Sénat de Belgique depuis 1886.

Relevé des dispositions législatives et administratives, intéressant spécialement la classe ouvrière, prises depuis 1886.

1° Loi du 9 août 1887. Procédure en expulsion des locataires de maisons ou appartements d'un faible loyer.

2° Loi du 16 août 1887, concernant l'ivresse publique.

3° Loi du 16 août 1887, instituant le Conseil de l'industrie et du travail.

Arrêté royal du 15 août 1889 et circulaire ministérielle du 17 août 1889.

4° Loi du 16 août 1887. Réglementation du paiement des salaires des ouvriers.

Arrêté royal du 5 décembre 1887.

5° Loi du 16 août 1887, apportant des modifications à quelques dispositions relatives au mariage.

6° Loi du 18 août 1887, relative à l'incessibilité et à l'insaisissabilité des salaires des ouvriers.

7° Loi du 5 mai 1888. Inspection des établissements dangereux, insalubres ou incommodes, et surveillance des machines et chaudières à vapeur.

8° Loi du 7 mai 1888. Répression de quelques abus commis par des administrations publiques de bienfaisance.

9° Loi du 28 mai 1888. Protection des enfants employés dans les professions ambulantes.

10° Loi du 31 mai 1888. Libération conditionnelle et condamnations conditionnelles dans le système pénal.

Arrêté royal du 1er août 1888.

11° Loi du 31 juillet 1889. Loi organique des conseils de prud'hommes.

12° Loi du 9 août 1889, relative aux habitations ouvrières et à l'institution de comités de patronage.

13° Loi du 19 août 1889, créant un fonds spécial au profit des communes et établissant une taxe sur les nouveaux débits de boissons alcooliques.

14ᵉ Loi du 13 décembre 1889. Travail des femmes, des adolescents et des enfants dans les établissements industriels.

15° Loi du 30 juillet 1889. Assistance judiciaire et procédure gratuite.

Circulaire ministérielle du 5 septembre 1889.

16° Arrêté royal du 26 novembre 1889, abaissant à un franc le minimum des versements à la Caisse des retraites de l'État.

17° Arrêté royal du 10 février 1890, approuvant un tarif spécial pour la constitution des rentes immédiates sur la Caisse de retraite de l'État, à capital abandonné.

18° Arrêté royal du 13 juillet 1887, approuvant les nouveaux tarifs pour la constitution de rentes viagères sur la caisse de retraite de l'État.

19° Circulaire ministérielle du 14 avril 1887, relative à l'enseignement industriel et professionnel.

20° Circulaire ministérielle du 26 juin 1889, relative à la création d'écoles ménagères.

21° Loi du 21 juillet 1890, instituant une caisse de secours en faveur des victimes du travail.

Projets de lois déposés.

Sur la réglementation des aliénations, liquidations et partages des biens d'incapables.

Sur le timbre et l'enregistrement en matière d'aliénations, de liquidations et de partages de biens d'incapables.

Sur l'assistance publique.

Sur les unions professionnelles (personnification civile).

Sur la protection de l'enfance.

Sur les sociétés de secours mutuels (révision de la loi du 3 avril 1851).

Sur la responsabilité des patrons et l'organisation de l'assurance en matière d'accidents de travail. (Ce projet est dû à l'initiative parlementaire.)

Question à l'étude :

Révision de l'organisation des caisses de prévoyance en faveur des ouvriers mineurs.

Les améliorations déjà apportées au sort des classes laborieuses, les précautions tutélaires dont on a entouré la faiblesse ou l'inexpérience de l'ouvrier réalisent, d'ores et déjà, un progrès réel dans l'ensemble de la situation du travail en Belgique. Lorsque les pouvoirs publics auront sanctionné les autres desiderata de la Commission, actuellement soumis à l'examen du Gouvernement et des Chambres, la législation ouvrière aura fait un pas considérable dans la voie d'une sorte de socialisme d'État bien compris.

Ces considérations générales épuisées, il convient, maintenant, d'aborder l'étude des points particuliers sur lesquels des renseignements détaillés ont été demandés.

LA CONDITION DE L'OUVRIER

AU POINT DE VUE POLITIQUE, SOCIAL ET ÉCONOMIQUE

1° Au point de vue politique.

La Belgique est un pays de suffrage restreint, mais le cens à payer pour l'obtention de l'électorat n'est pas bien élevé. Il y a trois catégories d'électeurs : 1° les électeurs généraux, qui concourent à l'élection des membres de la Chambre des représentants et du Sénat, des conseils provinciaux et des conseils communaux ; 2° les électeurs provinciaux, qui concourent à l'élection des membres des conseils provinciaux, et des conseils communaux ; 3° les électeurs communaux, qui concourent seulement à l'élection des membres des conseils communaux.

Pour être électeur général, il faut :

1° Être Belge de naissance, ou avoir obtenu la *grande* naturalisation ;

2° Être âgé de 21 ans accomplis ;

3° Verser au trésor de l'État, en contributions directes, patentes comprises, la somme de 42 fr. 32 c.

Pour être électeur provincial, il faut :

1° Être Belge de naissance, ou avoir obtenu la naturalisation ;

2° Être âgé de 21 ans accomplis;

3° Verser au trésor de l'État, en contributions directes, patentes comprises, la somme de 20 fr.

Pour être électeur communal, il faut :

1° Être Belge de naissance, ou avoir obtenu la naturalisation ;

2° Être âgé de 21 ans accomplis;

3° Verser au trésor de l'État, en contributions directes, patentes comprises, la somme de 10 fr.

Le cens à payer, pour obtenir l'électorat aux deux Chambres, ne saurait être réduit ou supprimé sans une révision de la Constitution belge, dont l'article 47 prescrit : « La Chambre des représentants se compose des députés élus directement par les citoyens payant le sens déterminé par la loi électorale, lequel ne peut excéder 100 florins d'impôts directs, ni être en dessous de 20 florins », et l'article 53 : « Les membres du Sénat sont élus, à raison de la population de chaque province, par les citoyens qui élisent les membres de la Chambre des représentants. » Le cens exigé par les lois électorales actuelles est donc le minimum de ce que prescrit la Constitution (20 florins = 42 fr. 32 c.).

Le parti ouvrier et le parti radical ont déjà réclamé la révision de la Constitution, en vue d'une diminution ou de la suppression du cens électoral. Des manifestations en ce sens ont eu lieu en 1883 et en 1886 et, à une date toute récente, le 10 août dernier. Au début, les ouvriers, suivant l'impulsion de leurs chefs, auxquels ils obéissaient aveuglément, ne se rendaient pas toujours un compte bien exact de la portée de l'agitation à laquelle ils s'associaient, ou plutôt, s'ils savaient ce qu'ils voulaient, ils n'étaient pas absolument éclairés sur la nature et l'objet des modifications constitutionnelledestinées à assurer leur participation à la vie politique de ce pays. Mais aujourd'hui, en même temps que l'idée a fait du chemin, elle s'est considérablement éclaircie aux regards de ceux qui en poursuivent l'application : les manifestants de cette année sont beaucoup mieux renseignés que leurs devanciers sur l'exacte nature, comme sur la portée de ce qu'ils réclament.

La révision de la Constitution ne peut, d'après l'article 131, avoir lieu qu'après une dissolution et une réélection des Chambres et par un vote réunissant les deux tiers des suffrages des membres présents, qui eux-mêmes doivent représenter les deux tiers de l'assemblée.

Mais la Constitution belge n'a fixé aucune condition de cens pour l'électorat aux conseils provinciaux et aux conseils communaux : ce qui a permis de l'abaisser à 20 fr. pour la province et à 10 fr. pour la commune. En outre, une loi du 24 août 1883 a dispensé de toute condition de cens, pour l'électorat à la province et à la commune, certaines catégories de personnes, qui ont fait preuve de capacité et qu'on nomme pour cette raison *électeurs capacitaires*. On peut devenir électeur capacitaire à la province et à la commune, en subissant un examen portant sur les branches principales de l'enseignement primaire.

Les ouvriers nomment la moitié des membres des *Conseils de prud'hommes* et des *Conseils de l'industrie et du travail;* mais ici, les conditions de l'électorat, telles que les ont faites la loi du 31 juillet 1889 (Conseils de prud'hommes) et l'arrêté royal du 15 août suivant, pris en exécution de la loi du 16 août 1887 (Conseils de l'industrie et du travail), sont beaucoup plus larges. Il suffit :

1° D'être ouvrier;

2° D'être Belge;

3° D'être âgé de 25 ans accomplis;

4° D'exercer effectivement, depuis quatre ans au moins, dans le ressort du Conseil, l'une des industries ou métiers représentés audit Conseil. (Art. 2 de l'arrêté royal du 15 août 1889.)

2° Au point de vue économique et social.

Il serait très difficile de caractériser, en termes généraux, la condition sociale et économique de l'ouvrier en Belgique. Elle varie nécessairement suivant les régions et suivant les occupations. Dans les Flandres et dans la partie occidentale du Hainaut, on trouve nombre d'ouvriers qui sont à la fois cultivateurs et tisserands. Au Borinage et dans le centre du Hainaut, la grande industrie vit côte à côte avec l'agriculture. Charleroi et les communes environnantes constituent un milieu où la grande industrie règne presque sans partage, et il en est de même de la vallée de la Meuse, de Huy à Liège et même de Liège à Verviers. Les industries de la filature et du tissage occupent également une très grande partie des populations de Gand, de Saint-Nicolas, de Termonde, d'Alost, de Renaix et de Courtrai ; à Bruxelles et dans le Brabant, il y a une foule d'industries représentées par des établissements de toutes espèces, depuis les grandes usines jusqu'aux ateliers les plus modestes.

Nécessairement, les salaires varient suivant les régions et suivant les occupations. Ils sont, en ce moment, très rémunérateurs dans le Borinage, le centre du Hainaut et l'arrondissement de Charleroi, ainsi que dans le bassin de Liège. Ils sont moins élevés dans les Flandres.

La Commission du travail a recueilli des renseignements nombreux sur les salaires des ouvriers dans le pays. Mais, sauf en ce qui concerne les Flandres, ils ne répondent plus, aujourd'hui, à la situation actuelle : celle-ci, en effet, s'est sensiblement améliorée, à la suite de la hausse des charbons et de la reprise des affaires. Malencontreusement, aucune statistique nouvelle n'a été publiée, si ce n'est celle de l'administration des mines pour l'année 1889.

Toutefois, en comparant les données fournies par la brochure de M. Harzé, ingénieur en chef, directeur des mines au ministère de l'agriculture (pages 9 et suivantes), eu les rapprochant des chiffres recueillis en 1886 par la Commission du travail (volume Ier, pages 234 et 266), on arrive à une appréciation assez exacte de la situation présente.

Selon M. Harzé, pour l'industrie des mines, minières et carrières de Belgique, le montant des salaires en 1888 a été de 89,909,000 fr., ce qui établit le salaire annuel moyen de l'ouvrier, homme, femme, garçon et fille (fond et surface) à 869 fr. Ce serait 54 fr. de plus qu'en 1887, et 86 fr. de plus qu'en 1886. Étant donnée la prospérité actuelle de l'industrie houillère, cette augmentation a dû s'accroître en 1889, et surtout dans les premiers mois de cette année.

Le volume II de la Commission du travail contient également des indications intéressantes touchant le budget de l'ouvrier (voir, pour le détail, page 15 de la table dudit volume). A en croire les dépositions qui ont été recueillies, les budgets des ouvriers seraient presque toujours en déficit. Au moment où l'enquête se produisit, il est certain qu'un ménage composé du père, de la mère et de plusieurs enfants avait toutes les peines du monde, par suite du chômage des ateliers et de l'abaissement des salaires, à subvenir aux plus pressants besoins. Depuis, la situation s'est améliorée et, avec de l'ordre et de l'économie, les facilités de toute nature qui lui sont données pour se procurer des aliments, le couvert et le vêtement au meilleur marché possible, l'ouvrier parviendrait peut-être à vivre. Malheureusement, l'économie et la tempérance surtout ne sont pas les qualités essentielles du houilleur belge : le cabaret et l'abus des boissons alcooliques absorbent, bien souvent, la meilleure partie de son salaire. A cet égard, la loi sur l'ivresse, mal appliquée, n'a produit aucun des résultats qu'on en attendait. (Voir le rapport sur l'ivresse dans les travaux de la Commission du travail. Loi sur l'ivresse.)

L'ouvrier belge vit presque toujours en famille, et sa famille est généralement nombreuse : on y compte une moyenne de 4 à 6 enfants.

Les mœurs varient non seulement suivant les localités, mais encore suivant les métiers. La population charbonnière est la plus rude de toutes, surtout quand elle est exclusivement industrielle, comme dans certaines parties du bassin de Charleroi et de Liège. Dans le centre, les ouvriers charbonniers s'occupent encore beaucoup d'agriculture et ils ont presque tous un jardin maraîcher. Leur rudesse paraît être, à la fois, un résultat de leur genre de travail et un vice d'éducation. Elle n'exclut nullement l'intelligence ni le cœur. Leur aptitude au travail est, au contraire, très remarquable et leur dévouement a été mis maintes fois à l'épreuve dans des catastrophes où la vie d'autres ouvriers était mise en péril. Néanmoins, on les distingue aisément, à leur allure, des ouvriers mécaniciens, ajusteurs et autres avec lesquels ils vivent côte à côte. On observe, d'ailleurs, des différences analogues dans des métiers qui offrent, en apparence, peu de similitude. A Gand, par exemple, les ouvriers filateurs et les ouvriers tisserands forment deux catégories assez nettement tranchées.

Toute la population ouvrière belge se distingue par son attachement aux vieux usages locaux. L'esprit d'association est très vivace et la loi n'opposant aucun obstacle à la formation des sociétés, il s'en est créé d'innombrables et qui ont les buts les plus variés.

On se tromperait donc en considérant la population comme désagrégée : en réalité, les individus s'y rattachent les uns aux autres par mille liens de solidarité.

La même erreur pourrait être commise quant à la moralité. Il est rare qu'une jeune fille ouvrière soit abandonnée par le père de son enfant, ou qu'elle s'attache à un autre homme.

Les liaisons incorrectes ne tardent pas à être régularisées et il n'y a pas de dévergondage au sens précis du mot.

SALAIRES

Pour se former une idée générale sur le taux des salaires dans les industries belges et établir la comparaison entre le coût de la main-d'œuvre, la valeur de la production et le prix des subsistances, il faut remonter au recensement industriel de 1880. Ce document (voir ci-après) a été publié à une date relativement récente, en 1888, mais les chiffres n'en étaient déjà plus absolument exacts, surtout en ce qui concerne l'industrie charbonnière. En 1880, les salaires y étaient assez élevés ; de 1882 à 1886, ils ont baissé fortement et le mouvement ascensionnel n'a recommencé à s'accuser manifestement qu'en 1888. Ils sont aujourd'hui au moins aussi élevés qu'en 1880.

Le prix du froment, qui a servi de base à la détermination de la dernière colonne du tableau qui suit, a baissé d'une manière presque continue de 1880 à 1889. En 1880, il était de 28 fr. 50 c. les 100 kilogr. ; il est aujourd'hui de 19 à 20 fr. Il en résulte que le pouvoir d'achat des ouvriers a beaucoup augmenté et que, pour rester vrai, il faudrait majorer notablement les chiffres de la dernière colonne des tableaux.

D'une façon générale, les denrées alimentaires et tous les objets d'une consommation courante sont à bon marché en Belgique. C'est l'une des causes principales de la vigueur de l'industrie dans le pays. Même avec un salaire modéré, l'ouvrier peut vivre à peu près convenablement. Dans le

centre du Hainaut, une famille d'ouvriers peut louer une
petite maison composée de deux pièces au rez-de-chaussée,
de deux à l'étage et d'un grenier, avec un jardin de 2 ou
3 ares, pour la somme de 8 fr. par mois. Dans beaucoup de
parties du pays, les prix sont les mêmes. Dans les villes
seulement les loyers sont plus élevés, et l'on peut dire,
d'une façon générale, que l'ouvrier urbain, avec un salaire
plus fort, se procure moins de bien-être que l'ouvrier des
grands établissements industriels, résidant dans les campa-
gnes.

RECENSEMENT INDUSTRIEL DE 1880.

Tableau des salaires payés aux ouvriers dans les différentes industries de la Belgique ; valeur des produits manufacturés et équivalence du salaire annuel moyen en kilogrammes de froment.

	DÉSIGNATION DES INDUSTRIES.	SALAIRES[1]				VALEUR des PRODUITS.	ÉQUIVALENT DU SALAIRE annuel moyen en kilogr. de froment.
		par HEURE.	JOUR-NALIERS	ANNUELS moyens.	PAYÉS annuellement.		
		Fr.	Fr.	Fr.	Fr.	Fr.	Kilogr.
1	Exploitation des mines de houille	0 29	3 03	918 09	86,987,285	155,943,164	3,231 3
2	Carrières de pierres, de marbre et d'ardoises	0 31	3 14	885 48	15,470,980	26,341,528	3,106 9
3	Mines et minières métalliques	0 26	2 63	757 38	2,536,128	5,572,133	3,008 3
4	Industrie métallurgique	0 34	3 31	1,062 51	5,517,338	52,433,857	3,728 1
5	Id. sidérurgique.	0 32	3 50	1,186 50	21,790,157	136,550,079	4,163 1
6	Fonderies de fer	0 32	3 39	1,067 85	6,285,297	21,452,995	3,746 8
7	Fabrication du gaz d'éclairage	0 32	3 45	1,242 "	2,280,600	11,013,836	4,357 9
8	Id. du coke.	0 25	2 76	968 76	1,884,226	20,809,212	3,390 1
9	Id. de briquettes et de charbon aggloméré.	0 26	2 93	984 48	704,760	7,913,107	3,454 3
10	Id. de la chaux.	0 29	3 08	693 "	1,353,094	8,704,345	2,431 5
11	Id. du ciment et des objets en ciment.	0 27	2 97	846 45	554,881	3,672,050	2,969 8
12	Industrie céramique	0 24	2 72	579 36	11,263,794	28,279,271	2,032 8
13	Id. des produits chimiques	0 29	3 08	988 68	1,411,276	17,666,082	3,469 0
14	Raffinage du sel.	0 21	2 39	738 51	185,932	1,964,080	2,591 2
15	Verreries, glaceries et cristalleries	0 39	4 07	1,294 26	13,603,404	36,550,012	4,541 2
16	Chaudronnerie	0 29	3 18	1,039 86	2,031,115	8,044,194	3,648 6
17	Ponts et charpentes métalliques	0 30	3 25	1,062 75	1,973,118	8,604,310	3,729 0

1. Les salaires sont donnés sans distinction d'âge ni de sexe.

DÉSIGNATION DES INDUSTRIES.	SALAIRES				VALEUR des PRODUITS.	ÉQUIVALENT ᵭU SALAIRE annuel moyen en kilogr. de froment.
	par HEURE.	JOUR-NALIERS	ANNUELS moyens.	PAYÉS annuellement.		
	Fr.	Fr.	Fr.	Fr.	Fr.	Kil.
18 Fabrication des aiguilles et des épingles	0 29	2 90	878 70	128,396	682,200	3,083 2
19 Id. des monnaies	0 39	4 25	1.275 "	19,125	3,316,870	4,477 2
20 Industrie linière	0 17	1 96	617 40	20,173,331	95,649,371	2,166 0
21 Id. chanvrière.	0 16	1 88	654 24	1,465,369	9,173,373	2,295 4
22. Id. cotonnière.	0 21	2 39	810 21	13,460,046	65,564,838	2,842 8
23 Meunerie	0 24	2 65	938 10	6,700,183	322,159,907	3,291 6
24 Féculerie.	0 21	2 39	243 78	19,711	619,294	855 4
25 Rizerie.	0 28	3 33	1,168 83	220,691	19,858,500	4,101 1
26 Brasserie	0 25	2 91	654 75	6,456,456	118,429,923	2,297 3
27 Distillerie d'alcool et d'eau-de-vie	0 24	2 75	882 75	1,621,528	65,530,742	3,097 3
28 Fabrication du sucre	0 24	2 64	237 60	5,983,065	82,471,032	830 1
29 Raffinage du sucre	0 28	3 24	1,127 52	1,162,842	48,043,045	3,886 0
30 Fabrication de la glucose	0 26	3 10	939 30	67,720	1,770,000	3,295 8
31 Vinaigreries	0 26	2 71	300 81	53,030	524,034	1,055 8
32 Blanchisseries (fils et tissus)	0 20	2 24	712 52	712,218	1 2,566,910	2,500 7
33 Amidonneries	0 18	1 99	656 70	413,325	6,587,728	2,304 2
34 Préparation et fabrication des tabacs et cigares.	0 24	2 44	753 96	3,771,623	27,283,194	2 2,645 5
35 Huileries	0 22	2 57	709 32	1,398,561	48,118,372	2,488 9
36 Caoutchouc et gutta-percha	0 31	3 21	953 37	207,787	1,491,155	3,345 1
37 Fabrication du carton	0 29	2 24	651 84	262,3	1,314,700	2,287 2
38 Id. du papier	0 24	2 60	850 20	5,008,741	27,543,323	2,983 1
39 Id. des papiers peints	0 21	2 28	725 04	344,314	2,756,225	2,543 9
40 Industrie lainière	0 24	2 76	952 20	22,217,655	148,409,722	3,341 0

1. Cette somme ne représente que le coût des opérations du blanchiment.
2. Le prix moyen du froment en 1880 a été de 28 fr. 50 les 100 kilos.

	DÉSIGNATION DES INDUSTRIES.	SALAIRES				VALEUR des PRODUITS	ÉQUIVALENT DU SALAIRE annuel moyen en kilogr. de froment.
		par HEURE.	JOUR-NALIERS	ANNUELS moyens.	PAYÉS annuellement.		
		Fr.	Fr.	Fr.	Fr.	Fr.	Kil.
41	Abatage des animaux de boucherie.	0 43	2 98	768 84	1,016,092	182,084,743	2,697 6
42	Tannerie et corroyerie.	0 27	2 85	940 50	2,685,817	44,302,882	3,300 0
43	Mégisserie	0 28	3 08	979 44	1,235,001	20,172,762	3,436 6
44	Bonneterie de laine et de coton	0 20	2 19	729 27	2,583,334	8,089,542	2,558 6
45	Construction des machines industrielles.	0 34	3 52	1,119 36	8,793,361	37,886,084	3,927 7
46	Id. des machines et instruments agricoles	0 23	2 59	256 41	902,672	3,379,225	899 7
47	Fabrication des instruments de musique	0 43	4 44	1,438 56	780,811	2,403,300	5,047 5
48	Id. des poids, mesures et instruments de pesage.	0 33	3 57	1,049 58	215,037	760,826	3,682 7
49	Id. des armes	0 28	3 38	1,247 22	4,405,860	21,292,907	4,411 3
50	Id. de la poudre	0 29	3 26	1,124 70	304,721	4,002,250	3,946 3
51	Construction de locomotives et de matériel de chemins de fer	0 32	3 46	1,089 90	8,409,870	49,955,105	3,824 2
52	Id. de navires et embarcations diverses.	0 37	3 78	1,213 38	2,009,260	6,179,020	4,257 4
53	Carrosserie	0 29	3 17	1,055 61	971,551	2,985,155	3,708 9
54	Imprimerie	0 31	3 17	1,046 10	5,557,203	21,895,202	3,670 5
55	Industrie de l'entrepreneur en bâtiments	0 31	3 30	920 70	5,476,837	29,984,222	3,230 5
56	Fabrication de toiles mixtes	0 21	2 40	806 40	9,642,555	34,051,846	2,824 4
57	Id. de toiles cirées	0 29	2 99	923 91	148,706	1,419,063	3,241 8
58	Id. de bougies	0 23	2 82	989 82	904,264	17,780,900	3,473 0
59	Id. des allumettes.	0 16	1 84	529 92	484,497	2,752,818	1,859 3
60	Id. des savons.	0 26	2 81	868 29	779,480	16,065,675	3,046 6
61	Id. des engrais chimiques	0 28	2 85	846 45	804,335	16,319,056	2,970 1
	Moyennes et totaux.	0 26 demoy.	2 88 de moy.	838 08 de moyenne.	325,903,696	2,175,137,896	2,940 6 de moyenne.

Taux moyen des salaires dans la province de Liège pendant les années 1888 et 1889.

Ouvriers métallurgistes.

	En 1888.	En 1889.
Hauts-fourneaux.	2^{f}68	2^{f}74
Laminoirs	3 15	3 36
Aciéries	3 30	3 48
Fonderies de plomb.	2 70	2 70
— de zinc	3 26	3 30
Usines à ouvrer le zinc	3 63	3 51

Charbonnages.

Le salaire moyen des charbonnages de la province de Liège a été, pour l'année 1889, de 994 fr. au lieu de 948 en 1888, soit une augmentation de 46 fr.

Si, en 1889, le rendement du travail de l'ouvrier n'était pas tombé de 196 tonnes à 190 tonnes 1/2, le salaire de cette catégorie de travailleurs se serait élevé à 1,014 fr.

NOMBRE DES ATELIERS ET MANUFACTURES

NOMBRE DES OUVRIERS PAR RAPPORT A CELUI DES PATRONS

Une statistique publiée par les soins du ministère de l'agriculture et des travaux publics en 1880, donne des indications sur le nombre des ateliers et des manufactures du pays et sur le nombre des ouvriers par rapport à celui des patrons. Ces relevés sont bien anciens et, depuis 10 ans, il a dû se produire forcément, dans les chiffres qu'ils indiquent, de grandes modifications.

Le tableau qui suit est extrait du recensement industriel de 1880, le seul à peu près exact qu'il soit, en ce moment, possible de se procurer en Belgique. Malgré ses erreurs, je le donne tout au moins à titre d'information.

Tableaux.

RECENSEMENT INDUSTRIEL DE 1880.

Nombre des ateliers et manufactures. — Nombre des ouvriers par rapport à celui des patrons.

Établissements industriels recensés.

	SPÉCIFICATION DES INDUSTRIES.	ÉTABLISSEMENTS ou exploitations				PERSONNEL.		
		de particuliers.	de sociétés anonymes	de communes ou de l'État.	Total.	Exploitants.	Employés	Ouvriers.
1	Exploitation des mines de houille	9	164	"	173	17	2,977	94,757
2	Ardoisières, carrières de pierres de taille, pierres à pavés, marbrières.	633	27	"	660	805	599	17,458
3	Exploitation de mines et minières métalliques	20	18	1	39	22	122	3,346
4	Métallurgie (plomb, zinc, argent, étain, cuivre, laiton, etc.)	33	10	"	43	37	245	5,193
5	Sidérurgie (fonte, fer et acier).	54	38	"	92	80	803	18,372
6	Fonderies de fer	306	11	"	317	380	331	5,892
7	Fabrication du gaz d'éclairage	48	62	8	118	48	254	1,834
8	Fabrication du coke	8	34	"	42	16	80	2,069
9	Fabrication de briquettes et de charbon aggloméré	16	10	"	26	28	52	717
10	Fabrication de la chaux.	318	7	"	325	267	119	1,953
11	Fabrication du ciment et des objets en ciment	32	1	"	33	39	56	655
12	Industrie céramique (briques, carreaux, produits réfractaires, tuiles et tuyaux de drainage, poteries, porcelaines, faïences, etc.)	1,315	18	"	1,333	1,401	476	19,477
13	Produits chimiques.	59	10	"	69	79	163	1,428
14	Raffinage du sel	97	"	"	97	104	7	249
15	Verreries, glaceries et cristalleries.	44	24	"	68	76	486	10,503
16	Chaudronnerie en fer et en cuivre.	117	5	"	122	118	75	1,954
17	Ponts et charpentes métalliques	30	9	"	39	34	114	1,855

SPÉCIFICATION DES INDUSTRIES.	ÉTABLISSEMENTS ou exploitations				PERSONNEL.		
	de particuliers.	de sociétés anonymes	de communes ou de l'État.	Total.	Exploitants.	Employés	Ouvriers.
18 Fabrication des aiguilles et épingles.	3	"	"	3	3	9	146
19 Fabrication des monnaies.	1	"	"	1	"	9	15
20 Industrie linière.	1,855	7	1	1,863	1,959	735	33,048
21 Industrie chanvrière	385	1	"	386	415	58	2,242
22 Industrie cotonnière	211	5	"	216	245	553	16,654
23 Meunerie	4,070	7	"	4,077	4,232	533	7,132
24 Féculerie	16	"	"	16	16	7	81
25 Rizerie	7	1	"	8	16	48	189
26 Brasserie.	2,561	7	6	2,574	2,751	752	9,857
27 Distillerie d'alcool et d'eau-de-vie.	319	"	"	319	319	301	1,840
28 Fabrication du sucre	109	50	"	159	377	729	22,634
29 Raffinage du sucre	40	"	"	40	77	130	1,030
30 Fabrication de la glucose	7	"	"	7	15	18	72
31 Vinaigreries	105	"	"	105	75	17	176
32 Blanchisseries (fils et tissus).	94	1	"	95	108	29	1,002
33 Amidonneries	27	2	"	29	30	38	630
34 Préparation et fabrication des tabacs et cigares	666	"	"	666	708	225	4,994
35 Huileries.	544	"	"	544	410	118	1,972
36 Caoutchouc et gutta-percha	9	"	"	9	11	16	218
37 Fabrication du carton.	27	"	"	27	30	14	402
38 Fabrication du papier.	28	15	"	43	30	241	5,884
39 Fabrication des papiers peints.	16	"	"	16	16	33	475
40 Industrie lainière.	464	3	"	467	567	993	23,359

SPÉCIFICATION DES INDUSTRIES.	ÉTABLISSEMENTS ou exploitations				PERSONNEL.		
	de particuliers.	de sociétés anonymes	de communes ou de l'Etat.	Total.	Exploitants.	Employés	Ouvriers.
41 Abatage des animaux de boucherie	3,327	1	36	3,364	3,988	108	1,321
42 Tannerie et corroyerie	747	2	"	749	788	158	2,830
43 Mégisserie	60	"	"	60	63	50	1,261
44 Bonneterie de coton et de laine	232	"	"	232	238	122	3,550
45 Construction des machines industrielles	246	19	"	265	289	550	7,857
46 Construction des machines et instruments agricoles.	4,421	1	"	4,422	4,498	20	3,521
47 Fabrication des instruments de musique	44	"	"	44	50	30	543
48 Fabrication des poids, mesures et instruments de pesage	46	"	"	46	45	8	205
49 Fabrication des armes	288	2	1	291	307	232	3,536
50 Fabrication de la poudre	5	4	"	9	13	29	271
51 Construction des locomotives et matériel de chemin de fer	16	19	"	35	29	436	7,722
52 Construction de navires et embarcations diverses.	115	1	"	116	134	76	1,728
53 Carrosserie	158	"	"	158	167	27	920
54 Imprimerie	566	10	1	577	607	431	5,318
55 Industrie de l'entrepreneur de bâtiments.	398	"	"	398	413	145	5,943
56 Fabrication des tissus mixtes	236	"	"	236	238	257	11,940
57 Fabrication de toiles cirées	6	"	"	6	8	11	161
58 Fabrication de bougies	11	1	"	12	16	54	915
59 Fabrication des allumettes	12	1	"	13	12	46	912
60 Fabrication des savons	177	1	"	178	172	96	897
61 Fabrication des produits chimiques	45	"	"	45	60	57	950
Totaux	25,859	609	54	26,522	28,096	15,508	384,065

INTERVENTION DES POUVOIRS PUBLICS

DANS LE CONTRAT DU TRAVAIL

Les pouvoirs publics n'interviennent ni dans la rédaction ni dans l'exécution du contrat de travail. La législation en Belgique est, à cet égard, la même qu'en France. Cependant, les lois récemment votées peuvent évidemment exercer une influence sur le contrat de travail. Telle est la loi du 16 août 1887 sur le paiement des salaires, et celle du 13 décembre 1889 sur la réglementation du travail des femmes, des adolescents et des enfants.

Quant au travail des adultes, non seulement il n'est pas réglementé, mais l'opinion publique paraît contraire à ce qu'il le soit. Sans doute, la Belgique a eu, comme les autres pays, sa manifestation du 1er mai, où l'on réclamait l'application de la formule des *trois huit,* mais la petite agitation qui s'est produite alors, était toute superficielle. On se rend parfaitement compte de l'impossibilité d'imposer une règle uniforme à toutes les industries. Cependant, une tendance subsiste qui, d'ailleurs, existait depuis longtemps : celle de réduire à un minimum la durée du travail quotidien. Ainsi, aux charbonnages de Mariemont et de Bascoup, la durée du travail quotidien des ouvriers du fond était, depuis plus de dix ans, de dix heures, — descente et remonte comprises ; au commencement de cette année, on l'a abaissée à neuf heures et l'on fait même une tentative partielle pour la réduire à huit heures. — On n'est pas encore éclairé sur le résultat de cet essai.

La réduction de la journée de travail dépend, d'ailleurs, de l'organisation même du travail, de l'outillage et aussi de la bonne volonté des ouvriers. Dans les charbonnages, la bonne organisation des transports souterrains paraît être, à cet égard, d'une importance décisive. Dans les usines sidérurgiques et les ateliers de construction, la journée de dix heures est presque partout la règle. Dans les ateliers de tissage de Gand, où les ouvriers ne veulent travailler que sur un métier, la journée est de douze heures ; dans ceux de Verviers, où les ouvriers travaillent sur plusieurs métiers, elle est de onze heures et demie et même de onze heures et les salaires y sont beaucoup plus élevés.

Les tableaux publiés par le Gouvernement, en annexe à un document relatif à la réglementation du travail des femmes, des adolescents et des enfants, donnent des renseignements instructifs à ce sujet. — Ils ont été rédigés d'après les indications recueillies par les membres de la Commission du travail.

———

PROTECTION

DES ENFANTS, DES FILLES ET DES FEMMES

La loi concernant le travail des femmes, des adolescents
et des enfants dans les établissements industriels a été pro-
mulguée le 13 décembre 1889. Elle entrera en vigueur le
1er janvier 1891. C'est la première qui ait été faite en Belgique. Cependant, un arrêté royal du 28 avril 1884, portant
un règlement général sur l'exploitation des mines, prescri-
vait déjà, dans son article 69 : « Il est défendu de laisser
descendre ou travailler dans les mines des garçons âgés de
moins de 12 ans et des filles âgées de moins de 14 ans ». —
Bien que la légalité de cette disposition ait été contestée, elle
a cependant été observée. De plus, dans un grand nombre de
charbonnages du Hainaut, les exploitants ont, spontanément,
interdit l'entrée des filles dans les travaux souterrains. Dans
la province de Liège, elles y ont toujours été en nombre très
restreint.

La loi du 13 décembre 1889 formule quelques règles d'une
application générale. Indépendamment de ces règles, elle
autorise le Gouvernement à déterminer, par voie d'arrêtés
royaux, les conditions du travail des enfants et des adolescents.

Les règles générales sont les suivantes :

Il est interdit d'employer au travail des enfants âgés de
moins de 12 ans.

Les enfants et les adolescents âgés de moins de 16 ans,
ainsi que les filles ou les femmes âgées de plus de 16 ans

et de moins de 21 ans, ne pourront être employés au travail plus de douze heures par jour, divisées par des repos, dont la durée totale ne sera pas inférieure à une heure et demie.

Les femmes ne peuvent être employées au travail pendant les 4 semaines qui suivent leur accouchement.

Les enfants et les adolescents âgés de moins de 16 ans, ainsi que les filles ou les femmes âgées de plus de 16 ans et de moins de 21 ans, ne peuvent être employés au travail après 9 heures du soir et avant 5 heures du matin.

Les enfants et les adolescents de moins de 16 ans, ainsi que les filles ou les femmes de plus de 16 ans et de moins de 21 ans, ne peuvent être employés au travail plus de six jours par semaine.

A partir du 1er janvier 1892, les filles et les femmes âgées de moins de 21 ans ne pourront être employées dans les travaux souterrains des mines, minières et carrières.

Le roi peut prescrire des règles particulières pour des industries déterminées; interdire, par exemple, l'emploi des enfants ou des adolescents à des travaux excédant leurs forces ou dangereux, soumettre cet emploi à des conditions spéciales, fixer la durée du travail journalier des enfants, des adolescents et des femmes de moins de 21 ans, en tenant compte de la nature des occupations et des nécessités de l'industrie en cause.

Avant d'arrêter ces règles, le roi est tenu de prendre l'avis:

1° Des conseils de l'industrie et du travail ;

2° De la députation permanente du conseil provincial ;

3° Du conseil supérieur d'hygiène publique ou d'un comité technique.

L'article 11 de la même loi oblige les chefs d'industrie à faire afficher dans leurs ateliers les dispositions de ladite loi, les règlements généraux pris pour son exécution, les règlements particuliers concernant leur industrie et le règlement d'ordre intérieur de leur établissement.

La loi institue encore un inspecteur des usines et exploitations auxquelles elle est applicable, édicte des pénalités pour les contrevenants, etc.

TRAVAIL DES ADULTES

On remarquera, par l'analyse faite ci-dessus de la loi du 13 décembre 1889, que le législateur belge n'a pas touché à la liberté du travail des adultes. L'attitude des Chambres législatives, dans cette question, a bien montré quel est le sentiment général du pays. Dans le second projet, rédigé par le Gouvernement, on réglementait le travail des femmes adultes, leur interdisant les travaux souterrains des mines et leur imposant le repos hebdomadaire. Le Parlement n'a pas voulu adopter cette disposition, pour ne pas mettre en péril le principe de la liberté de travail des adultes, quel que soit leur sexe. Il a rendu plus rigoureuse la réglementation du travail des femmes au-dessous de 21 ans, mais il a voulu que, passé cet âge, elles pussent disposer de leur capacité de travail à leur convenance.

Sur cette question de la réglementation du travail industriel, le tome III des travaux de la Commission du travail renferme un remarquable rapport de M. le baron A. T'Kint de Roodenbeke, qui sera consulté avec le plus grand fruit.

TRAVAIL DU DIMANCHE

L'article 15 de la Constitution porte que : « Nul ne peut être contraint de concourir d'une manière quelconque aux actes et aux cérémonies d'un culte, *ni d'en observer les jours de repos.* »

Cette disposition ne permet pas d'établir en Belgique, par une loi, l'obligation du repos dominical. C'est pourquoi l'article 7 de la loi du 13 décembre 1889, sur le travail des enfants, des adolescents et des femmes, dit seulement qu'ils ne pourront être occupés plus de six jours par semaine. Mais l'habitude de chômer le dimanche est générale en Belgique ; il n'est donc pas douteux que le jour du repos hebdomadaire sera le dimanche.

D'autre part, l'État belge possédant et exploitant lui-même la plus grande partie du réseau ferré, il peut organiser le travail comme il lui convient, sauf le contrôle des Chambres législatives. M. Van den Peereboom, le ministre actuel des chemins de fer, postes et télégraphes, s'est occupé beaucoup de la question du repos dominical et il est parvenu à donner la liberté de leur dimanche à un grand nombre d'employés ou d'ouvriers ressortissant à son département.

Cette question du repos dominical est particulièrement difficile à résoudre pour les chemins de fer belges. On voyage beaucoup en Belgique le dimanche ; la province vient en ville et la ville s'en va en province. On fait des visites aux parents ; on organise des fêtes, des concours, des parties de plaisir. C'est donc surtout sur le trafic des marchandises qu'il a fallu faire porter la diminution d'activité. Les mesures prises ont bien soulevé, au début, quelques réclamations; mais à présent on y est fait, et plus personne ne se plaint.

L'État a déjà adopté une mesure analogue en ce qui concerne les travaux publics qu'il ordonne. Depuis 1889, les cahiers des charges stipulent que l'adjudicataire ne pourra faire travailler ses ouvriers plus de six jours par semaine.

FIXATION ET PAIEMENT DES SALAIRES

Il serait très difficile d'indiquer sommairement les divers modes de rémunération du travail qui sont en vigueur en Belgique. On en trouve de tous les systèmes, dont les applications varient nécessairement suivant les métiers. Dans les charbonnages, on paie à la journée et à la tâche, mais c'est de ce dernier mode qu'on tend à se rapprocher le plus généralement. L'abatage du charbon est payé au mètre carré, ou à l'avancement, ou au cube. Le travail en roches est payé à l'avancement, et souvent, à la suite d'une adjudication. Dans le transport même, on s'efforce de proportionner le salaire au nombre de wagonnets transportés. Dans les ateliers de construction et dans les laminoirs, on paie aux pièces. Pour d'autres industries et notamment celles qu'on exerce dans les villes, le travail se paie à l'heure : c'est le cas pour les typographes, les peintres en bâtiment, etc.

Depuis l'adoption de la loi du 16 août 1887, les salaires doivent être payés en espèces. Cette mesure a été l'une des premières conséquences de l'enquête de 1886. On a constaté alors que, dans quelques parties du pays, des industriels avaient établi des boutiques où leurs ouvriers étaient tenus de se fournir. On y vendait à prix élevé et les ouvriers devaient subir cette situation sous peine d'être privés de travail. En réalité, ils ne touchaient jamais que de faibles sommes d'argent, parce que, achetant à crédit et à l'avance, on leur retenait, au jour de la paie, le montant de leurs achats.

La loi interdit de faire aucune retenue sur les salaires, si ce n'est pour des objets déterminés nettement : le logement, la jouissance d'un terrain, les outils, les matières premières et le costume. Les boutiques peuvent subsister, mais le patron boutiquier s'expose au non-paiement des fournitures qu'il a faites, et même l'action qu'il intenterait de ce chef à son ouvrier ne serait pas recevable.

Il a fallu, cependant, atténuer la rigueur de cette disposition en faveur des *économats* (magasins de denrées alimentaires à bon marché), établis par des industriels philanthropes dans l'intérêt de leurs ouvriers et sans bénéfice. C'est pourquoi l'article 3 de la loi prescrit que la députation permanente pourra autoriser les patrons à fournir à leurs ouvriers, à charge d'imputation sur les salaires, les denrées, les vêtements, les combustibles, *à la condition que ces fournitures soient faites au prix de revient*. Il faut donc une autorisation spéciale pour établir un économat.

Le paiement des salaires ne peut se faire dans des cabarets, débits de boissons, magasins, boutiques ou locaux y attenant. Il doit avoir lieu deux fois par mois, à seize jours d'intervalle au plus. Cette dernière disposition vise particulièrement les patrons boutiquiers qui, échelonnant leurs paiements à de longs intervalles, pourraient obliger indirectement leurs ouvriers à se fournir à crédit dans leurs magasins. (Voir Commission du travail, tome III, page 117, le rapport de M. Morisseaux.)

La loi sur le paiement des salaires est de date trop récente encore pour qu'on puisse juger de son efficacité. Les tribunaux ont eu à l'appliquer, à différentes reprises, et ont infligé des amendes à des patrons délinquants.

RESPONSABILITÉ DES PATRONS EN CAS D'ACCIDENTS

ET CAISSES DE PRÉVOYANCE DES OUVRIERS MINEURS

Cette question est, jusqu'à présent, en Belgique comme en France, réglée par les articles 1382 à 1384 du Code civil : le patron est tenu à réparation, seulement quand l'accident est survenu par sa faute. Les accidents dus à des cas fortuits ou à la force majeure ne sont donc pas réparés et les ouvriers victimes en supportent seuls les conséquences.

Mais depuis plusieurs années, on a signalé l'injustice de cette situation et, après M. Sainctelette, ancien ministre et auteur d'une thèse célèbre sur cette question (Commission du travail, tome III page 485), la Commission du travail l'a définitivement mise à l'ordre du jour et il est probable qu'elle ne tardera guère à être résolue par le pouvoir législatif. Cependant, en ce moment encore, les opinions sont très partagées. Le système que préconise M. Sainctelette est celui dit « du renversement de la preuve », c'est-à-dire qu'en cas d'accident, la victime ou ses ayants droit auraient simplement à produire la preuve du contrat de travail conclu avec le patron, et qu'il incomberait à celui-ci de prouver que l'accident n'est point survenu par sa faute. Au cas où il ne pourrait établir victorieusement cette preuve, il serait tenu pour responsable et obligé à réparer.

On a combattu cette thèse par divers arguments, et notamment par cette observation, qu'en droit, c'est toujours au demandeur qu'il incombe d'établir le bien-fondé de sa demande.

Feu M. Eudore Pirmez, ancien ministre, qui était membre de la commission de révision du Code civil, avait repris la proposition de M. Sainctelette en la modifiant ingénieusement. Mais la commission de révision du Code civil n'a point partagé son avis et a exprimé l'opinion qu'il fallait résoudre la question par l'assurance.

C'est également la manière de voir qu'avait exprimée la Commission du travail, où plusieurs systèmes d'assurance obligatoire ont été discutés. (Commission du travail, tome III, page 209.)

M. Dejace, le rapporteur, était d'avis qu'il fallait se borner à prescrire l'obligation de l'assurance, sans imposer le choix de l'assureur, mais en établissant un contrôle sur celui-ci. M. Montefiore-Lévi (Commission du travail, tome III, page 475) était partisan de l'assurance par l'État. MM. Prins, H. Denis et Morisseaux (Commission du travail, tome III, pages 465 et 509), tout en se séparant sur des points secondaires, étaient d'accord pour admettre un système d'assurance corporative dans le genre de ce qui existe en Allemagne, mais avec moins de complications et moins d'ingérence de la part des pouvoirs publics. C'est à ce dernier système que la Commission du travail s'est ralliée.

Depuis ce vote, qui a eu lieu en 1887, la question des accidents du travail a été touchée à différentes reprises au sein des Chambres législatives, et le Gouvernement a été prié de déposer un projet de loi. Il s'est engagé à le faire, mais il a été devancé par l'initiative de MM. Casse, Janson, Hanssens et Houzeau de Lehaye, membres du Parlement, qui, vers la fin de la session de 1889-1890, ont soumis une proposition de loi à la Chambre des représentants.

On conçoit que, dans la situation actuelle, on ne puisse

indiquer le sentiment du public belge sur cette importante question.

Il y a lieu de remarquer qu'un assez grand nombre d'industriels belges, en dehors de l'industrie houillère, ont déjà assuré leurs ouvriers contre les accidents du travail, mais ce n'est pas uniquement pour leur procurer une indemnité en cas d'accidents par cas fortuits ou force majeure, c'est aussi, parfois, pour se préserver eux-mêmes des conséquences dommageables de leur propre faute. En thèse générale, d'ailleurs, les indemnités accordées ne sont pas suffisantes pour mettre les victimes à l'abri du besoin.

Dans l'industrie houillère, l'assurance obligatoire existe de fait, sinon nominalement, depuis 50 ans. En effet, tous les cahiers des charges des concessions minières accordées depuis 1838 renferment une clause obligeant les exploitants à instituer une caisse de prévoyance contre les accidents.

Plus tard, les caisses isolées ont été fédérées et il existe aujourd'hui 6 fédérations de caisses de prévoyance : 1° Couchant de Mons ; 2° Centre ; 3° Charleroi ; 4° Namur ; 5° Luxembourg et 6° Liège.

Ces caisses accordent des pensions viagères aux victimes d'accidents. Elles sont alimentées, à Liège et à Charleroi, exclusivement par les versements des patrons ; dans les autres caisses, par une retenue sur les salaires et une cotisation des patrons. La caisse du Centre est administrée par une commission formée de délégués des ouvriers et des patrons ; les autres caisses sont administrées par les patrons seulement.

Mais on tend à réagir contre ce dernier système et, dans tous les cas, les exploitants du Centre se félicitent d'avoir introduit l'élément ouvrier dans leurs conseils.

La situation financière des caisses de prévoyance n'est pas très bonne en ce moment. Cela résulte de deux causes. Les versements à la caisse sont proportionnels aux salaires, et ceux-ci ayant été très bas de 1882 à 1887, les ressources ont diminué ; mais, il est vrai de dire que, parfois, les patrons ont spontanément augmenté leur cotisation. C'est le cas pour les exploitants du pays de Liège.

La seconde cause résulte de l'extension qu'on a donnée en 1870 à l'objet des caisses de prévoyance. Celles-ci n'étaient primitivement et ne devaient être que des caisses d'assurances contre les accidents ; on a utilisé leurs fonds pour servir des pensions de retraite à de vieux ouvriers, de sorte qu'elles sont aujourd'hui, à la fois, des caisses d'assurance contre les accidents et contre les infirmités de la vieillesse. On a eu le tort de ne point augmenter leurs ressources.

On a commencé à remédier à cette situation dans le bassin du Centre, en créant une caisse pour le service des pensions de retraite. Il y a donc aujourd'hui, dans cette région, deux institutions nettement séparées. A l'une et à l'autre les ouvriers apportent leur cotisation.

L'administration des mines, qui s'occupe activement de cette question, s'efforce de faire prévaloir une solution identique dans les autres bassins, et elle y parviendra sans aucun doute, malgré les obstacles à surmonter et qui résident, pour Liège et Charleroi, dans la résolution prise par les patrons d'alimenter seuls les caisses de prévoyance, et dans l'opposition qu'ils font à l'admission de l'élément ouvrier au sein des conseils d'administration de ces caisses.

Caisse de prévoyance et de secours en faveur des victimes des accidents du travail.

(*Loi du 21 juillet 1890.*)

Quoi qu'il en soit, il est très probable que toutes ces graves questions de la responsabilité en matière d'accidents du travail, de l'assurance contre les accidents et de la réorganisation des caisses de prévoyance ne tarderont pas à être résolues. Le roi y attache une importance extrême et il vient de le prouver encore, à l'occasion du 25e anniversaire de son avènement au trône. On avait l'intention de célébrer cet anniversaire par des fêtes solennelles, mais il a manifesté le désir de voir consacrer les sommes qu'on voulait y affecter, à la création d'une caisse de prévoyance et de secours en faveur des victimes des accidents du travail. La loi du 21 juillet 1890 réalise ce désir royal. La caisse est dotée, par le Trésor public, d'une somme de deux millions de francs. Elle jouit de la personnification civile et peut recevoir des dons et legs. Elle en a déjà reçu un grand nombre, soit de corps constitués, comme les conseils provinciaux et communaux, soit de sociétés privées, d'établissements industriels ou de particuliers. Les ressources seront affectées soit à encourager l'assurance contre les accidents du travail, soit à l'octroi de secours aux victimes de semblables accidents ou à leurs familles. Il est vraisemblable qu'au début, la caisse fonctionnera comme une institution charitable et qu'ensuite elle deviendra plutôt une institution d'un caractère économique.

Cette question si importante et si grave des accidents du travail et, subséquemment, celles non moins intéressantes des assurances ouvrières et des caisses de retraite, de prévoyance et de secours des ouvriers industriels, se trouvent donc, la première en bonne voie de solution et les deux autres définitivement réglées. Les unes et les autres ont donné lieu à des discussions ardentes et à des controverses multiples, qu'il serait, parfois, utile de connaître. A cet égard, les rapports publiés dans le 3ᵉ volume de la Commission du travail, pages 209, 253, 357, 465, 475, 485, 505 et 517, ainsi que les procès-verbaux de la Commission d'enquête, tome II, pages 1, 2, 3, 5, 8, 9 et 10, fournissent les indications les plus précises sur les caisses de prévoyance et de secours.

On peut trouver, en outre, d'intéressantes indications dans le dernier rapport sur la Caisse de prévoyance établie à Mons en faveur des ouvriers mineurs.

CONCURRENCE FAITE DANS LE PAYS

AUX

OUVRIERS NATIONAUX PAR LES OUVRIERS ÉTRANGERS

Cette question n'existe pas en Belgique. A peine pourrait-on signaler deux ou trois réclamations de ce genre, dans l'enquête industrielle de 1886.

Dans le pays, on accepte volontiers les offres de tous ceux qui veulent concourir à la production nationale. Les ouvriers étrangers ne sont l'objet ni de l'hostilité des ouvriers belges, ni de celle des pouvoirs publics, et aucune mesure particulière, fiscale ou de police n'existe contre eux.

Il est bon, d'ailleurs, de rappeler ici que la Belgique, comme la Suisse, est la terre classique de l'hospitalité.

Une des dernières statistiques, publiée par les soins des ministères de l'Intérieur et de la Justice, relevait la présence de 60,000 Français, disséminés dans les différentes villes du pays.

D'autre part, la colonie allemande à Anvers est aussi considérable, mais elle comprend un nombre d'ouvriers sensiblement moins important que celui des ouvriers français occupés dans les grandes usines du pays wallon et du pays flamand. L'élément germanique, qui s'est fixé à Anvers, se livre à des opérations commerciales et envahit tous les bureaux des maisons belges, sans parler des maisons allemandes où il a, depuis déjà longtemps, entièrement remplacé les employés et les commis belges.

Le grand commerce de la place d'Anvers est aujourd'hui, assure-t-on, presque complètement dans les mains des Allemands. Il en est de même des maisons de banque importantes. A Bruxelles, depuis 10 ans environ, les capitaux allemands ont également servi à la fondation de diverses banques qui ont fait des affaires assez considérables.

A cet égard, la récente organisation d'une succursale du Crédit Lyonnais à Bruxelles ne sera pas sans procurer de réels avantages à l'extension de nos relations financières avec la Belgique.

Les colonies anglaise et italienne sont trop peu importantes pour être signalées. Il en est de même des Hollandais qui ne comptent, eu égard, surtout, au voisinage, qu'un très petit nombre de représentants.

CONFLITS ENTRE PATRONS ET OUVRIERS

Cette importante question a été l'objet, au sein de la Commission du travail, d'études très minutieuses. Dans le questionnaire qui a été adressé, par ses soins, à toutes les industries du pays, on avait insisté sur ce point particulier, et les ouvriers, tout comme les directeurs d'établissements industriels, ont donné des réponses intéressantes. (Voir tomes I, II et III et dans ce dernier, page 1, le rapport de M. Brants, et page 425, celui de M. Sabatier.)

Il y a lieu, dans cette matière, de distinguer entre les conflits individuels et les conflits collectifs. En ce qui concerne les premiers, la statistique des conseils de prud'hommes indique leur nombre, mais l'indication est seulement approximative, parce qu'il n'existe pas de conseils de cette nature dans toutes les localités industrielles.

En ce qui concerne les conflits collectifs, dégénérant en grèves, aucune statistique n'a encore été faite, mais on rassemble en ce moment les éléments d'un travail concernant l'année courante.

A en juger par les journaux et les différentes publications qui ont paru sur ces matières, on peut affirmer d'une manière générale :

1° Que les grèves ne sont pas plus nombreuses en Belgique que dans les autres pays industriels de l'Europe ;

2° Que, presque toujours, elles ont pour objet la fixation du taux des salaires et la durée du travail journalier ;

3° Jusqu'à ces derniers temps, tout au moins, la question politique et la question *sociale* proprement dite ne jouaient qu'un rôle des plus secondaires.

Les contestations individuelles qui ont trait, non point à la rédaction du contrat de travail, mais à son exécution (comme, par exemple, un travail mal fait, des retenues exercées sur le salaire par suite de négligence, de paresse, etc., etc.), sont du ressort des conseils de prud'hommes.

Ils ont rendu à l'industrie nationale, depuis leur réorganisation, de réels services, mais, ainsi que M. Brants le faisait observer dans son rapport à la Commission du travail, la législation fixée par la loi de 1859 n'était plus en harmonie avec les progrès de l'industrie et la marche des événements.

Le Gouvernement a donc, à la suite des délibérations et des propositions de la Commission du travail, déposé, le 23 décembre 1887, un projet de loi qui est devenu la loi du 31 juillet 1889.

Cette loi a été, devant le Parlement belge, l'objet d'une longue et laborieuse discussion.

Si l'on compare ses dispositions à celles de la loi de 1859, on y trouve, à côté de modifications de détail très nombreuses, deux différences essentielles.

Sous le régime de la loi de 1859, les administrations communales désignaient les électeurs appelés à prendre part à l'élection des prud'hommes, parmi les personnes remplissant les conditions suivantes.

Il fallait :

1° Appartenir à la catégorie des chefs d'industrie ou à celle des ouvriers ;

2° Être Belge par la naissance ou la naturalisation ;

3° Être âgé de 25 ans accomplis ;

4° Être *domicilié* dans le ressort du conseil ou y exercer effectivement son industrie ou son métier depuis *4 ans au moins ;*

5° Savoir lire et écrire.

En vertu de la loi du 31 juillet 1889, l'électorat est devenu un droit et les administrations communales sont *tenues* d'ins-

crire sur les listes électorales les personnes qui remplissent
les conditions indiquées précédemment, mais il est désormais
inutile de savoir lire et écrire, et la durée de 4 années de séjour, primitivement obligatoire pour être électeur, est supprimée. La loi nouvelle considère l'exercice de l'industrie ou de
la profession comme une garantie suffisante.

La seconde différence importante, existant entre les deux
législations, consiste dans la facilité que donne la loi du
31 juillet 1889 d'établir des conseils de prud'hommes spé-
ciaux, pour des industries diverses.

Sous le régime de la loi de 1859, tous les électeurs du ressort contribuaient à la nomination des juges prud'hommes,
quelles que fussent les industries représentées au sein du
conseil, de telle sorte que des juges appartenant à la profession du tissage jugeaient des mineurs, des chefs d'usines
métallurgiques, meuniers, verriers, etc.

Désormais, la loi nouvelle permet d'organiser autant de
conseils de prud'hommes qu'il y a, dans le ressort, d'industries particulières ; c'est ainsi que les prud'hommes mécaniciens connaîtront des différends qui s'élèvent dans l'industrie
dérivant de la mécanique ; des mineurs, de ceux qui naissent
au sujet des mines ; des tisserands, des conflits provoqués au
sujet du tissage, etc.

La loi du 31 juillet 1889 réalise d'autres améliorations
pratiques, très importantes : le classement, le contrôle de la
confection des listes électorales ; le secret du vote, etc.

Si on désirait, de ce chef, des informations très détaillées,
il faudrait se reporter à une toute récente publication de
M. Delcroix, avocat (librairie du *Mouvement hygiénique*), qui
a fait un commentaire très étudié de la nouvelle loi.

Il existe en ce moment des conseils de prud'hommes à
Alost, Anvers, Audenarde, Bruges, Bruxelles, Charleroi,
Courtrai, Dour, Eccloo, Gand, Grammont, Ixelles [1], La Lou-
vière, Liège [1], Lokeren, Molenbeck-Saint-Jean, Mouscron,

---

1. Les conseils d'Ixelles et de Liège ne sont pas encore en activité.

Ostende, Pâturages, Renaix, Roulers, Saint-Nicolas, Termonde, Thielt, Tournai, Verviers, Ypres.

Les travaux des conseils de prud'hommes, de 1862 à 1888, se résument comme suit :

Travaux des conseils de prud'hommes.

| ANNÉES. | NOMBRE DES CONSEILS. | CONTESTATIONS | | | | | | Total. | AFFAIRES | | | | |
| | | de la compétence du conseil, entre | | | en dehors de la compétence du conseil, entre | | | | | | | | |
		ouvriers.	chefs d'industrie et ouvriers.	chefs d'industrie.	ouvriers.	chefs d'industrie et ouvriers.	chefs d'industrie.		conciliées.	non conciliées.	jugées.	Restées sans suite par le fait des parties.	pendantes.
1862 . .	22	132	2,517	55	1	20	36	2,761	2,345	"	179	201	36
1865 . .		80	3,171	26	22	46	37	3,382	2,712	"	419	326	21
1870 . .		87	3,238	24	92	45	50	3,536	2,687	"	579	242	28
1875 . .		160	3,711	11	12	179	85	4,158	2,750	"	578	494	17
1878 . .		149	3,501	10	3	37	25	3,725	2,941	"	373	389	22
1879 . .		127	2,991	8	"	40	23	3,189	2,476	"	286	420	7
1880 . .	23	143	3,360	2	"	59	27	3,591	2,371	564	264	443	3
1881 . .		171	2,975	9	3	47	17	3,222	2,152	575	273	484	15
1882 . .		220	3,238	1	1	61	24	3,545	1,951	809	589	558	60
1883 . .		220	2,999	3	3	66	23	3,314	2,183	571	275	560	16
1884 . .		205	2,963	"	6	79	19	3,272	2,287	473	301	497	18
1885 . .		260	2,966	"	2	100	8	3,336	2,365	503	322	458	14
1886 . .		224	3,161	"	"	108	16	3,509	2,333	597	336	554	35
1887 . .	25	230	3,810	"	1	110	20	4,171	3,079	1,092	425	650	17
1888 . .		235	3,959	"	13	109	17	4,333	3,071	1,262	507	717	38

CONSEILS DE L'INDUSTRIE ET DU TRAVAIL

Les conseils de l'industrie et du travail, tels qu'ils sont organisés par la loi du 16 août 1887, sont une institution spéciale à la Belgique et qui n'existe encore dans aucun autre pays.

Ils constituent, à la fois, un organe représentatif des intérêts de l'industrie et du travail et un office de conciliation pour les différends qui s'élèvent entre patrons et ouvriers.

Ils ont une composition analogue à celle des conseils de prud'hommes. Les patrons y sont en nombre égal à celui des ouvriers : ils comprennent autant de sections qu'il y a d'industries diverses dans la localité ; chaque section renferme 6 branches au minimum et 12 au maximum.

Les conseils de l'industrie et du travail ont pour but de fournir au Gouvernement les renseignements qu'il leur demande sur toutes les questions intéressant l'industrie et le travail, par exemple sur le taux des salaires, la limitation de la durée du travail quotidien, l'assurance contre les accidents, les habitations ouvrières, les statistiques, etc. Le Gouvernement est tenu de les consulter dans un certain nombre de cas déterminés.

Les conseils dont il s'agit n'ont qu'une réunion annuelle obligatoire ; ils peuvent, cependant, sur l'avis qu'ils en reçoivent du Gouvernement, se réunir plus souvent si la chose est nécessaire.

Dans les cas graves, comme, par exemple, en présence

d'une grève ou d'une menace de grève, ils peuvent être convoqués soit par le Gouvernement, soit par le gouverneur de la province, soit même par le bourgmestre. Leur mission consiste à aplanir le différend, ainsi que le font, en Angleterre, les conseils « dits de conciliation ».

La création, par la loi du 16 août 1887, des conseils de l'industrie et du travail, pouvant faire office de conseils de conciliation, n'empêche nullement la formation de conseils privés, puisque le droit d'association existe en Belgique, de la manière la plus large.

Un semblable conseil existait déjà, antérieurement à 1886, aux charbonnages de Mariemont et de Bascoup, mais seulement pour les ouvriers du matériel. Depuis lors, en 1888, on en a établi pour les ouvriers des travaux du fond. Ces conseils sont donc des institutions privées et les pouvoirs publics n'interviennent ni dans leur organisation, ni dans leur fonctionnement.

Les conseils des ouvriers du matériel ont donné de très bons résultats [1] ; ceux des ouvriers du fond sont encore dans la période de mise en train et, pour leurs débuts, ils ont eu à traverser des moments très difficiles. Néanmoins, les exploitants déclarent que, sans leur intervention, on n'aurait pu éviter de très graves conflits [2].

Liste des Conseils de l'industrie et du travail existant en Belgique au 31 juillet 1890.

Siège.	Date de l'institution.
Quenast.	15 février 1889.
Grivegnée.	4 décembre 1889.
Boussu	10 —
Bernissart	10 —
Pâturages	17 —
Wasmes.	17 —
Quaregnon.	17 —

1. Voir *les Institutions ouvrières de Mariemont,* par BOLLAERT.
2. Voir *Conseils de l'industrie et du travail,* publié par M. MORISSEAUX, directeur de l'Industrie au ministère de l'Agriculture, de l'Industrie et des Travaux publics.

Siège.	Date de l'institution.
Frameries .	17 décembre 1889.
Glin .	21 —
Hornu .	21 —
Ciply.	21 —
Jodoigne .	21 —
Dour.	21 —
Flénu.	21 —
Cuesmes.	21 —
Fraipont.	21 .—
Liège.	27 —
Seraing.	8 janvier 1890.
Bruxelles .	13 —
Gand.	28 mai 1890.
Roux .	2 juillet 1890.
Farciennes.	2 —
Ransart.	2 —
Jumet.	2 —
Gilly .	3 —
Marchienne-au-Pont.	3 —
Chatelet.	3 —
Charleroi .	3 —
Courtrai.	15 —

ÉCOLES

L'enseignement industriel et professionnel est très développé en Belgique. Il comprend 3 catégories d'écoles bien distinctes :

1° Les écoles industrielles et professionnelles ;

2° Les écoles de tissage et ateliers d'apprentissage ;

3° Les écoles et classes ménagères.

Écoles industrielles et professionnelles.

Les écoles industrielles et professionnelles sont fréquentées par des ouvriers de tout âge, travaillant depuis plus ou moins de temps dans les établissements industriels de tous genres.

En général, on n'y enseigne pas la pratique des métiers, mais seulement les notions théoriques qui peuvent aider l'ouvrier à se perfectionner dans son métier. Les cours ordinaires sont : l'arithmétique, l'algèbre, la géométrie, la physique, la chimie, la mécanique élémentaire, le dessin artistique et industriel et l'économie industrielle. Ils se complètent, suivant les industries exercées dans la localité, par des cours d'exploitation des mines, de construction mécanique, de construction civile, de construction navale, de filature, de tissage et de teinture, de coupe des pierres, de peinture sur bois ou sur tôle, d'armurerie, de meunerie, etc., etc. En général, les leçons ont lieu le soir, de façon que les ouvriers aient toute facilité pour les fréquenter.

En 1887, le nombre des écoles industrielles et professionnelles était de 35. En vue de favoriser la création d'écoles nouvelles et le développement des anciennes, le Gouvernement proposa à la législature de voter un nouveau subside de 200,000 fr. qui, ajoutés aux 350,000 fr. existant aux budgets antérieurs, devaient former un crédit total de 550,000 francs. La législature adopta cette proposition.

Le Gouvernement fit alors appel à toutes les initiatives, à celle des particuliers comme à celle des provinces et des communes, pour atteindre le but qu'il avait en vue (Circulaire ministérielle du 15 avril 1887).

Il annonça qu'il subventionnerait, dans la proportion de 1/3 à 2/5 des dépenses, toutes les écoles dont le programme et l'enseignement lui paraîtraient satisfaisants, à charge seulement de produire, chaque année, leurs budgets et de se soumettre à l'inspection des fonctionnaires du Gouvernement.

Les résultats de cette action ont été fort sensibles. De nouvelles écoles industrielles et professionnelles ont été instituées, et le programme des écoles existantes a été complété de manière à donner à leur enseignement un caractère plus nettement professionnel. De cet appel à l'initiative privée, il est résulté aussi une diversité plus grande qu'auparavant dans les programmes. Il y a maintenant 3 écoles de tailleurs, où l'on admet des enfants à partir de l'âge de 12 ans ; ils y apprennent à peu près complètement leur métier. A l'école d'horlogerie de Bruxelles, on enseigne également le métier et il en est de même à l'école typographique. Aux écoles professionnelles de Gand et de Tournai, on forme, par un enseignement à la fois théorique et pratique, des ajusteurs, des serruriers, des mécaniciens, des forgerons. A l'école de brasserie à Gand, on forme des patrons et des ouvriers brasseurs.

Les écoles Saint-Luc constituent également un type différent de celui des écoles industrielles proprement dites. Le but est de former des ouvriers d'art industriel, des menui-

siers, ébénistes, tapissiers décorateurs, forgerons ornema-
nistes, etc., etc. L'enseignement du dessin est donné de manière à conduire toujours l'élève vers l'application au métier
qu'il exerce. On y donne également des leçons théoriques
sur les matériaux employés dans chaque métier, avec les
applications de la physique, de la chimie, de la mécanique à
ce métier.

L'école des arts décoratifs de la ville de Bruxelles, également subventionnée par le Gouvernement, se rapproche du
type des écoles Saint-Luc, avec une différence dans la mé-
thode.

Il existe également des écoles professionnelles de jeunes
filles où l'on enseigne la couture, la comptabilité commer-
ciale, le travail de la lingerie, la confection des fleurs artifi-
cielles, la peinture sur porcelaine, les langues étrangères,
etc., etc.

Le nombre des écoles industrielles et professionnelles, qui
était de 35 en 1887, est aujourd'hui, sous l'influence des
mesures prises par le Gouvernement, de 52, qui comptent
une population d'environ treize mille élèves.

Voici la liste de ces écoles, avec le chiffre de la population
scolaire de chacune d'elles en 1888 :

LISTE DES ÉCOLES INDUSTRIELLES ET PROFESSIONNELLES.

Écoles communales.

	Élèves.
Anvers.	348
Arlon	104
Ath	66
Boussu (cours des usines et de mécanique)	»
Bruges.	98
Bruxelles.	456
Charleroi.	843
Chatelet	935
Courtrai	342
Cureghem-Anderlecht	227
Fontaine-l'Évêque	134
Furnes.	128

	Élèves.
Gand	1,266
Gand (pour jeunes garçons)	51
Gosselies	109
Hasselt	111
Houdeng-Aimeries	526
Huy	136
Jamioux	259
Jumet	290
Liège	571
Louvain	170
Jemappes	291
La Louvière	290
Marchienne-au-Pont	507
Morlauwelz	549
Namur	460
Nivelles	139
Ostende	162
Pâturages	235
Saint-Ghislain	281
Saint-Nicolas (cours de tissage)	30
Seraing	260
Soignies	193
Tournai	166
Verviers	517
Vilvorde	106
Ypres	147

Écoles professionnelles de jeunes filles.

Bruxelles	786
Anvers	241
Mons	136
Verviers	167

Écoles libres.

	Élèves.
École professionnelle de tailleurs à Bruxelles	45
École professionnelle de tailleurs à Binche	»
École nationale d'horlogerie à Bruxelles	34
Académie de Saint-Luc à Schaerbeck	143
École de Saint-Luc à Tournai	143
École de brasserie à Gand	61

Élèves.

École industrielle de l'institut Saint-Joseph à Florenne . . .	56
École professionnelle de tailleurs à Liège	15
École de Saint-Luc à Gand	597

Indépendamment des écoles industrielles et professionnelles, il existe aussi, en Belgique, de nombreuses académies et écoles de dessin, mais bien qu'elles aient incontestablement une grande influence sur l'habileté professionnelle de ceux qui les fréquentent et que ceux-ci soient, en général, des ouvriers, elles visent plutôt à l'enseignement de l'art pur, qu'aux applications de l'art aux industries et métiers.

Écoles de tissage et d'apprentissage.

Les ateliers d'apprentissage constituent la seconde catégorie des établissements d'enseignement professionnel. Ils ont été créés en 1847, au moment de la crise qui provoqua, dans les Flandres, la substitution du tissage mécanique au tissage à la main. On y enseigne la fabrication de tissus et d'étoffes dont la confection exige encore l'emploi des métiers à la main. Les ateliers d'apprentissage sont, en même temps, des écoles professionnelles élémentaires et des écoles primaires. Avec le métier on y enseigne la lecture, l'écriture, le calcul, etc. On y admet les enfants à partir de l'âge de 10 ans. Mais ce type d'école a vieilli et, depuis 1888, le Gouvernement cherche à y substituer des *écoles de tissage* dont le programme est plus complet, où l'on donne des notions de géométrie et de mécanique, tout en continuant l'enseignement du métier. Les enfants n'y sont admis qu'à l'âge de 12 ans et après avoir achevé les études primaires. Il existe, en ce moment, 37 ateliers d'apprentissage et 5 écoles de tissage qui sont d'anciens ateliers réorganisés conformément au programme nouveau.

Écoles et classes ménagères.

Les écoles et classes ménagères sont instituées dans le but d'enseigner aux jeunes filles de la classe ouvrière la tenue d'un ménage, y compris les éléments de la cuisine, la couture, le raccommodage des vêtements, le blanchissage et le repassage du linge, l'entretien du mobilier et de l'habitation, la culture maraîchère, les soins à donner aux malades et aux enfants.

L'enseignement est, à la fois, théorique et pratique. La théorie se donne plutôt sous forme de causeries que sous forme de leçons proprement dites, de manière à la faire saisir par cet auditoire spécial. La couture, la cuisine, le blanchissage du linge, donnent lieu à des exercices pratiques pour lesquels chaque école est munie d'un matériel spécial.

Les premières écoles de l'espèce ont été établies à l'initiative de M. le prince de Chimay, actuellement ministre des affaires étrangères, mais, n'ayant plus été soutenues par le Gouvernement à partir de 1878, elles avaient été supprimées. Depuis 1889, on s'est mis à les subventionner de nouveau et, à la faveur de cette intervention gouvernementale, il s'en est créé 84 entre le mois de juillet 1889 et le mois de juillet 1890, et de nouvelles demandes sont encore en instruction.

Le Gouvernement a adopté, pour ces écoles, le même système que pour l'enseignement professionnel en général. Il favorise toutes les initiatives d'où qu'elles viennent, pourvu que l'inspection constate que les résultats de l'enseignement sont satisfaisants.

Afin de donner une impulsion plus vive encore à ce mouvement, le Gouvernement vient d'instituer des comités provinciaux de propagande, composés de dames appartenant indistinctement à des familles catholiques ou libérales. Le comité central, qui a son siège à Bruxelles, est présidé par S. A. R. Mme la comtesse de Flandre, belle-sœur du roi.

LISTE DES ÉCOLES ET CLASSES MÉNAGÈRES.

Écoles ménagères communales.

Bruxelles, rue Locquenghien,
Bruxelles, place de la Chapelle,
Schaerbeck,
Ypres,
Jemappes,
Morlanwelz,
Boussu,
Quevaucamps,
Frameries,
Binche,
Jemelle,
Seraing,
Dalhem,
Auvelois.

Écoles ménagères libres.

Bruxelles, rue T'Kint,
Bruxelles, rue Saint-Ghislain,
Louvain,
Gand, faubourg de Bruxelles [1],
Gand, faubourg de Muyde (annexée à l'orphelinat des filles) [1].
Mont-Saint-Amand [1],
Adinkerke [1],
Oostroosbeke,
Frameries,
Moussu,
Morlanwelz,
Carnières,
Montceau-sur-Sambre (dirigée par les sœurs de Marie),
Montceau-sur-Sambre (dirigée par Mme Flon),
Wasmes,
Cuesmes,
Marchienne-Dorcherie,
Chatelet,
Marchienne-au-Pont,
Forchies-la-Marche,

1. École non encore subventionnée, mais dont la demande est en instruction.

Lodelinsart,
Mont-sur-Marchienne,
Liège,
Auvelois,
Beauraing,
Hulsonniaux,
Houyet,
Florenville,
Saint-Trond.

Classes ménagères annexées à des établissements communaux.

Ixelles,
Louvain,
Tubize,
Ittre [1],
Vilvorde [1],
Jodoigne
Malines [1],
Gand (14 classes : 4 de jour, 5 du soir, 5 du dimanche),
Gilly (3 classes),
Jumet (section du centre),
Jumet (section de Gohissart),
Leval-Trazegnies,
Grandreng,
Mons [1],
Liège,
Fallais,
Pepinster,
Hollogne-aux-Pierres,
Verviers (4 classes),
On.

Classes ménagères annexées à des établissements adoptés.

Sichem-lez-Diest,
Merckem,
Thielt,
Coujoux-Conneux,
Saint-Martin,
Custinne,
Bois-de-Villers.

1. Classes non encore subventionnées, mais dont la demande est en instruction.

Classes ménagères annexées à des écoles libres.

Leval-Trazegnies,
Marchienne-Dorchie,
Lobbes,
Borg-Heers,
Mariembourg,
Hastières-Lavaux,
Lesves.

SOCIÉTÉS DE SECOURS MUTUELS

L'article 20 de la Constitution a consacré, sur les bases les plus larges, toutes les libertés et notamment la liberté d'association : « Les Belges ont le droit de s'associer ; ce droit ne peut être soumis à aucune mesure préventive. »

Il en résulte que les sociétés de secours mutuels peuvent se former, s'administrer et se dissoudre sans aucun contrôle de l'autorité publique. C'est seulement lorsqu'elles demandent le privilège de la personnification civile que l'État offre son intervention ; jamais il ne l'impose.

Les sociétés de secours mutuels *reconnues,* conformément à la loi du 3 avril 1851, jouissent des avantages suivants : faculté d'ester en justice ; exemption des droits de timbre et d'enregistrement ; faculté de recevoir des dons et des legs *mobiliers ;* gratuité de la procédure.

Les sociétés de secours mutuels reconnues sont tenues d'adresser, dans le courant des deux premiers mois de chaque année, à l'autorité locale, conformément au modèle arrêté par le Gouvernement, un compte de leurs recettes et de leurs dépenses. Elles doivent répondre à toutes les demandes de renseignements que l'autorité leur transmet sur des faits concernant leurs opérations.

La loi du 3 avril 1851, insuffisante ou muette sur plusieurs points, a soulevé de nombreuses critiques.

Les dispositions légales réglant la dissolution des sociétés de secours mutuels *reconnues* et, notamment, celles relatives à l'emploi de l'actif, après paiement des dettes, ont été reconnues trop sévères. Un grand nombre de sociétés établies sous l'égide de la Constitution ne demandent pas la reconnaissance légale pour ne pas être exposées, en cas de dissolution ou de révocation, à remettre l'actif, après paiement des dettes, à des institutions similaires, ou, à défaut de ces sociétés, au bureau de bienfaisance. La disposition donnant au bourgmestre le droit d'assister aux séances, a également été fortement critiquée.

En séance du 17 mai 1890, M. le ministre de l'agriculture, de l'industrie et des travaux publics a déposé sur le bureau de la Chambre des représentants un projet de loi modifiant celle du 3 avril 1851.

Ce projet, non seulement modifie, mais simplifie certaines dispositions de la législation actuelle ; il élargit le cercle ancien dans lequel devaient se mouvoir les associations mutuelles et, point essentiel, il écarte tout arbitraire.

L'article 1er énumère les associations qui, lorsque leur statuts sont conformes à la loi, ont droit à la reconnaissance légale. Il stipule qu'à l'avenir, les administrateurs de ces sociétés devront être Belges et majeurs.

En principe, le partage des fonds est interdit. Dans certains cas, cependant, un prélèvement sur le patrimoine social peut être fait, afin de rembourser à un sociétaire une partie des cotisations qu'il a versées, déduction faite de ce qui peut lui avoir été attribué.

Les sociétés *reconnues* pourront recevoir des legs et des dons d'objets mobiliers et *immobiliers*, mais ceux-ci devront être aliénés. Toutefois, elles pourront posséder ou prendre à bail un immeuble dans le but de s'assurer un local destiné au siège social et aux réunions de la société.

Outre ces droits, il est encore accordé, aux sociétés reconnues, la *franchise postale* pour les communications avec les autorités, et l'insertion *gratuite*, au *Moniteur belge*, des publications prescrites par la loi.

L'exemption des droits de timbre et d'enregistrement, accordée comme précédemment, n'est pas applicable aux actes qui concernent la propriété ou la jouissance de biens immeubles.

Les secours temporaires, ainsi que les sommes allouées à la mort d'un sociétaire ou d'un membre de sa famille, ne sont ni cessibles ni saisissables.

Quant à la dissolution et à la liquidation de la société, le projet laisse aux membres une liberté aussi grande que possible.

Le Gouvernement ne pourra plus dissoudre arbitrairement une société ; son seul pouvoir se bornera à retirer, non pas le droit de personnalité civile, mais les avantages accordés, dans le cas où la société refuserait de transmettre le relevé de ses opérations annuelles.

La dissolution comme le retrait de la personnification civile, ne peuvent résulter que d'une décision de l'assemblée générale et des tribunaux.

Dans la liquidation, on payera d'abord les dettes ; puis on remettra au Gouvernement le montant « des dons et legs dans lesquels les donateurs auront prévu le cas de dissolution ». Le surplus de l'actif sera réparti, six mois après la publication de l'avis annonçant la dissolution, entre les membres effectifs appartenant à la société, d'après les proportions déterminées par les statuts ou, à défaut de disposition dans les statuts, au prorata des versements opérés par chacun d'eux.

Ainsi disparaîtra un des principaux griefs que l'on faisait à la loi du 3 avril 1851. La disposition donnant au bourgmestre le droit d'assister aux séances est supprimée.

Tout permet d'espérer que le nombre des sociétés qui solliciteront la reconnaissance légale augmentera, lorsque la législation aura été mise en harmonie avec les besoins actuels.

Une impulsion des plus vives a été donnée, dans ces derniers temps, à la propagation des sociétés de secours mutuels, grâce, notamment, au concours des comités provinciaux de propagande, institués par arrêté royal du 22 août 1887. Au 31 décembre 1886, le nombre des sociétés de secours mutuels reconnues n'était que de 220, alors qu'il atteignait le chiffre de 340 au 31 décembre 1889, soit une augmentation de 120 sociétés pendant ces trois dernières années.

A. BOURÉE.

TABLE DES MATIERES

Nancy, imprimerie Berger-Levrault et Cⁱᵉ.